D1753697

Heft 2/3.

Entscheidungen des Reichsgerichts.
Herausgegeben von
den Mitgliedern des Gerichtshofes und der Reichsanwaltschaft.

Entscheidungen des Reichsgerichts in Zivilsachen.

162. Band.

Berlin 1940
Walter de Gruyter & Co.
vormals G. J. Göschen'sche Verlagshandlung – J. Guttentag, Verlagsbuchhandlung – Georg Reimer – Karl J. Trübner – Veit & Comp.

Die „Entscheidungen in Zivilsachen" gelangen in Heften im Umfange zu 4 Bogen sowie in vollständigen gebundenen Bänden zur Ausgabe. Einbanddecken werden nach vollständigem Erscheinen der Bände zum Preise von RM. 1.— geliefert.

Inhalt.

Nr.		Seite
14.	Kann die Zulässigkeit eines Rechtsmittels mit dem Einwande bekämpft werden, daß es aus Schikane eingelegt sei? — Ist der Nachteil, der einem Schuldner dadurch erwachsen ist, daß eine von ihm beabsichtigte, sachlich aussichtslose Berufung durch ein Versehen seines Anwalts nicht ordnungsmäßig eingelegt wurde und infolgedessen das gegen den Schuldner ergangene Urteil alsbald vollstreckt werden konnte, als ein „Schaden" im Rechtssinn anzusehen?	65
15.	Kann nach tschechoslowakischem (österreichischem) Recht der Vorbehaltseigentümer eines Dampfbackofens, den der Käufer auf einer ihm fremden Liegenschaft aufgestellt hat, sein Eigentum gegen den Ersteher dieser Liegenschaft geltend machen, wenn dieser nicht gutgläubig war? — Wem hat der Vorbehaltseigentümer, welcher den dem Wert seiner Sache entsprechenden Teil des Meistbotes schon erhalten hat, bei Durchsetzung seines Vorbehaltseigentums gegen den Ersteher diesen Anteil am Meistbot zurückzustellen?	69
16.	Genügt eine von einem Angestellten während seiner Dienstzeit begangene Verfehlung, um die Anfechtung einer mit ihm bei der Beendigung des Dienstverhältnisses getroffenen Abfindungsvereinbarung wegen Irrtums über eine Wesenseigenschaft des Angestellten zu rechtfertigen?	73
17.	Bedarf ein Gesellschaftsvertrag mit dem Ziel, einem Gesellschafter gehörige Grundstücke durch Veräußerung für Rechnung der Gesellschaft zu verwerten, auch dann der Form des § 313 BGB., wenn der Eigentümer der Grundstücke zum alleinigen Geschäftsführer der Gesellschaft bestimmt ist?	78
18.	Über den Begriff des unabwendbaren Zufalls im Sinne des § 233 Abs. 1 ZPO. — Unter welchen Voraussetzungen muß eine Partei das Verschulden eines Assessors, der ihrem Prozeßbevollmächtigten zur Ableistung des anwaltlichen Probedienstes überwiesen ist (Probeassessor), gemäß § 232 Abs. 2 ZPO. gegen sich gelten lassen?	84
19.	Zur Beachtlichkeit des Widerspruchs gegen die Ehescheidung im Falle des § 55 Abs. 2 EheG. — Ergibt sich aus der Feststellung, daß die Ehe im Sinne des § 55 Abs. 1 EheG. tiefgreifend und unheilbar zerrüttet ist, ohne weiteres, daß auch auf seiten des Scheidungsbeklagten das eheliche Gefühl so weit erloschen sei, daß er Verfehlungen des Scheidungsklägers als ehezerstörend nicht mehr empfunden hätte oder nicht mehr empfinden könnte? — Kann aus Billigkeitsgründen der Scheidungskläger nach § 60 Abs. 3 Satz 2 oder nach § 61 Abs. 2 Satz 2 EheG. nur für schuldig erklärt werden, wenn er die Zerrüttung der Ehe allein verschuldet hat?	88
20.	Geht der gesetzliche Schadensersatzanspruch nach § 139 DBG. auf eine Pensionskasse über, die nach Landesgesetz dem im Dienst einer Gemeinde stehenden Beamten oder seinen Hinterbliebenen Versorgung gewährt?	93
21.	Sind Vereinbarungen, welche von den für einen Industriezweig verbandsmäßig zusammengeschlossenen Herstellern mit den ebenfalls verbandsmäßig zusammengeschlossenen Abnehmern des Groß- und Einzelhandels zur allgemeinen Regelung des Absatzes, insbesondere zur einheitlichen Festsetzung der Handelsspannen, getroffen werden, Kartellabreden im Sinne des § 1 KartVO.? — Zur Schriftform solcher Kartellabreden.	100
22.	Wie kann nach österreichischem Rechte die blutmäßige Abstammung nachgeprüft werden, wenn die Ehelichkeit nicht mehr bestritten werden kann?	113

Fortsetzung auf Seite 3 des Umschlages

14. 1. Kann die Zulässigkeit eines Rechtsmittels mit dem Einwande bekämpft werden, daß es aus Schikane eingelegt sei?

2. Ist der Nachteil, der einem Schuldner dadurch erwachsen ist, daß eine von ihm beabsichtigte, sachlich aussichtslose Berufung durch ein Versehen seines Anwalts nicht ordnungsmäßig eingelegt wurde und infolgedessen das gegen den Schuldner ergangene Urteil alsbald vollstreckt werden konnte, als ein „Schaden" im Rechtssinn anzusehen?

ABGB. §§ 1293, 1295 Abs. 2. BGB. §§ 226, 826.

VIII. Zivilsenat. Urt. v. 26. Oktober 1939 i. S. Z. (Kl.) w. M. (Bekl.). VIII 195/39.

I. Kreisgericht Leitmeritz.
II. Oberlandesgericht daselbst.

Die Klägerin hatte in dem Hause Nr. 67 in A. seit Jahren die zu ebener Erde befindlichen Geschäftsräume sowie ein darüber gelegenes Zimmer im ersten Stock gemietet. Im Jahre 1934 wurde von den Hauseigentümern gegen sie Klage erhoben auf Zahlung des am 1. April 1934 fällig gewordenen Mietzinses von 3270 K. sowie auf Feststellung, daß ihr ein Anspruch auf Herabsetzung des Mietzinses nicht zustehe. Das Bezirksgericht in A. hat mit Urteil vom 4. Juli 1934 der Klage stattgegeben. Gegen dieses Urteil hat im Auftrage der Klägerin ihr damaliger Rechtsanwalt Dr. M., der jetzige Beklagte, Berufung eingelegt. Die Berufung erwies sich jedoch als verspätet, da M. übersehen hatte, daß es sich um eine Feriensache handelte. Das Urteil des Bezirksgerichts wurde daher rechtskräftig; ein Antrag auf Wiedereinsetzung in den vorigen Stand gegen die Versäumung der Berufungsfrist hatte keinen Erfolg.

Die Klägerin erhebt nunmehr wegen dieses Versehens gegen den Beklagten Schadensersatzansprüche. Sie macht geltend, daß ihre Berufung im Vorprozeß Erfolg gehabt und zur Aufhebung des bezirksgerichtlichen Urteils sowie zur Abweisung der damaligen Klage geführt haben würde. Aber selbst wenn ihre Berufung im Vorprozeß im Endergebnis sachlich keinen Erfolg gehabt hätte, so wäre bei rechtzeitiger Einlegung der Berufung doch jedenfalls die Zwangsvollstreckung hinausgeschoben worden, und es wäre dann nicht zum zwangsweisen Verkauf ihres Warenlagers am 10. November 1934 gekommen. Infolge dieser Vollstreckung sei ihr Warenlager weit unter dem wirklichen Werte verkauft, ihr geschäftliches Ansehen schwer geschädigt und ihr der Verdienst aus dem bevorstehenden Weihnachtsgeschäft entzogen worden. Diese Schäden beziffert die Klägerin auf 26800 K.

Die beiden Vorinstanzen haben die Klägerin abgewiesen. Ihre Revision hatte keinen Erfolg.

Gründe:

Der Revisionsangriff der Mangelhaftigkeit des Verfahrens richtet sich gegen den Teil des Berufungsurteils, in dem ausgeführt wird, daß die Berufung gegen das bezirksgerichtliche Urteil im Vorprozeß keinen Erfolg gehabt haben würde. (Dieser Revisionsangriff wird zurückgewiesen; es wird dargelegt, daß die beiden Vorinstanzen die Aussichtslosigkeit der Berufung der Klägerin im Vorprozeß verfahrensrechtlich einwandfrei begründet haben. Dann wird fortgefahren:)

Die Klägerin erhebt gegen das angefochtene Urteil weiter aber auch den Revisionsangriff der unrichtigen rechtlichen Beurteilung. Dieser richtet sich gegen den Teil des Berufungsurteils, der sich mit dem Schadensersatzanspruch befaßt, den die Klägerin aus der vom Beklagten verschuldeten Versäumung der Berufungsfrist selbst für den Fall herleiten will, daß festgestellt werden sollte, daß die Berufung im Vorprozeß sachlich keinen Erfolg gehabt haben würde.

Das Berufungsgericht hat es nicht für notwendig erachtet, auf das Vorbringen der Klägerin einzugehen, daß durch eine rechtzeitige Berufungseinlegung doch jedenfalls die Zwangsvollstreckung hinausgeschoben worden und es nicht zum zwangsweisen Verkauf ihres Warenlagers am 10. November 1934 gekommen wäre und daß dadurch die erheblichen Schäden vermieden worden wären, welche die Klägerin durch den Verlust des bevorstehenden Weihnachtsgeschäfts usw. erlitten haben will. Das Berufungsgericht stellt sich vielmehr auf den Standpunkt, daß die Rechtsmittel nicht dazu bestimmt seien, dem Schuldner die Möglichkeit zu geben, die Erfüllung seiner Verpflichtungen hinauszuziehen und dadurch seine Gläubiger zu schädigen; es verweist dabei auf den zweiten Absatz des § 1295 ABGB., welcher demjenigen, der sein Recht nur zum Zwecke der Schädigung ausübt, sogar die Pflicht zum Schadensersatz auferlege. Aus diesem

Grunde verneint das Berufungsgericht den auf Vereitelung des Vollstreckungsaufschubs gestützten Schadensersatzanspruch der Klägerin.

Die Revision erhebt demgegenüber den Einwand, daß es von der Lage des einzelnen Falls und von der Abwägung der gegenseitigen Belange der beteiligten Personen abhänge, ob eine Rechtsausübung — im vorliegenden Fall also die Berufungseinlegung — schikanös und daher rechtswidrig sei. Die Revision meint, das Berufungsgericht hätte erwägen müssen, ob nicht „das Interesse des damaligen Prozeßgegners der Revisionsklägerin an einer baldigen Befriedigung seiner Forderung weitaus geringer gewesen sei als das Interesse der Revisionsklägerin, eine für die Vernichtung ihrer Existenz ausschlaggebende Exekution hintanzuhalten".

Die Anwendung des Schikanebegriffs durch das Berufungsgericht auf den vorliegenden Tatbestand gibt allerdings zu rechtlichen Bedenken Anlaß, wenn auch aus anderen als den von der Revision geltend gemachten Gründen. Schikanöse Ausübung eines Rechtes liegt nach dem Gesetz dann vor, wenn die Ausübung offenbar den Zweck hatte, den anderen zu schädigen. Das Berufungsgericht hätte daher, um seine Annahme, daß die Revisionsklägerin im Vorprozeß nur zu solchem Zwecke habe Berufung einlegen wollen, zu rechtfertigen, feststellen und näher begründen müssen, daß ihre Absicht dabei auf Schädigung ihres damaligen Prozeßgegners gerichtet gewesen sei. Ganz im Gegenteil geht aber das Berufungsgericht selbst gar nicht davon aus, daß eine Schädigungsabsicht der Beweggrund der Revisionsklägerin gewesen sei, sondern daß sie beabsichtigt habe, durch die Berufungseinlegung einen Vollstreckungsaufschub zu erreichen und sich dadurch über Wasser zu halten. Aber auch ganz abgesehen davon, daß die Annahme, die Revisionsklägerin habe die Berufung im Vorprozeß nur aus Schikane einlegen wollen, vom Berufungsgericht nicht näher ausgeführt oder begründet ist, muß die Auffassung, daß eine Prozeßhandlung, wie es die Berufungseinlegung ist, wegen Schikane als rechtswidrig oder unzulässig angesehen werden könnte, als rechtsirrig abgelehnt werden. Die sowohl im österreichischen Rechtsgebiet als auch auf dem des Altreichs durchaus herrschende Rechtsauffassung geht dahin, daß Prozeßhandlungen in Voraussetzungen, Formgeboten, Zweck, Inhalt und Wirksamkeit nur dem Prozeßrecht und nicht dem Privatrecht unterliegen (Sperl Lehrbuch der bürgerlichen Rechtspflege Bd. 1

S. 239 flg.; Pollak System des österreichischen Zivilprozeßrechts, 2. Aufl., S. 364 flg.; Jonas-Pohle Zivilprozeßordnung, Vorbemerkung V vor § 128 und die dort Angeführten). Auf Prozeßhandlungen dürfen also die Vorschriften des bürgerlichen Rechts über Anfechtbarkeit wegen Willensmängel ebensowenig wie die Vorschriften des bürgerlichen Rechts über Nichtigkeit wegen Verstoßes gegen die guten Sitten oder über Unzulässigkeit wegen Verstoßes gegen das Schikaneverbot zur Anwendung gebracht werden (Jonas-Pohle a. a. O. Bem. V 7). Die Wirksamkeit und Gültigkeit der von der Revisionsklägerin im Vorprozeß beabsichtigten Berufungseinlegung war also davon unabhängig, welche Absicht sie damals mit dieser Berufungseinlegung verfolgte; selbst die offenbare Absicht, den damaligen Prozeßgegner zu schädigen, würde die Zulässigkeit jener Prozeßhandlung als solcher nicht beeinträchtigt haben.

Trotzdem ist im Ergebnis der Auffassung des Berufungsgerichts beizupflichten, der auf Vereitelung des Vollstreckungsaufschubs gestützte Schadensersatzanspruch der Klägerin sei abzuweisen, ohne daß auf die von ihr vorgebrachten tatsächlichen Einzelheiten eingegangen zu werden braucht. Daß der Schadensersatzanspruch eines Schuldners, der auf die Vereitelung seiner Absicht, durch Rechtsmitteleinlegung die Erfüllung seiner Verpflichtung hinauszuschieben, abgewiesen werden muß, beruht allerdings, wie soeben dargelegt, nicht auf dem gesetzlichen Schikaneverbot; es ergibt sich das aber aus einer richtigen Auffassung des Schadensbegriffs. Der Schuldner kann zwar ein Rechtsmittel einlegen zu dem Zweck, dadurch Zeit für die Erfüllung seiner Verbindlichkeiten zu gewinnen; der dadurch erzielte Zeitgewinn kann für den Schuldner je nach den Umständen des Falls einen mehr oder weniger großen Vorteil bedeuten; und falls dem Schuldner dieser Vorteil dadurch entzogen wird, daß das Rechtsmittel nicht ordnungsmäßig eingelegt wird, so kann das tatsächlich einen Nachteil für ihn darstellen. Ein Schaden im Rechtssinn ist dem Schuldner aber dadurch nicht erwachsen. Denn der Schuldner hatte keinerlei Recht darauf, daß die Erfüllung seiner fälligen Schuld durch die Dauer des Rechtsmittelverfahrens auf einen späteren Zeitpunkt hinausgeschoben wurde. Der Aufschub der Erzwingbarkeit der Schuldnerleistung ist in solchen Fällen eine durchaus unerwünschte, bei dem an Fristen und Termine gebundenen Ver-

15. Eigentumsvorbehalt. Zuschlag. 69

fahren aber unvermeidliche Folge des stets eine gewisse Zeitdauer in Anspruch nehmenden gerichtlichen Prozeßbetriebs. Ein berechtigtes Interesse des Schuldners daran, durch Rechtsmitteleinlegung einen Vollstreckungsaufschub für seine fällige Schuld zu erlangen, kann nicht anerkannt werden. Daher kann, rechtlich gesprochen, auch von einem „Schaden" des Schuldners nicht die Rede sein, wenn ihm die von ihm beabsichtigte, im sachlichen Ergebnis aber aussichtslose Rechtsmitteleinlegung durch die Verhältnisse — sei es durch ein Versehen seines Prozeßbevollmächtigten oder durch sonstige Umstände — vereitelt wird.

---

15. 1. Kann nach tschechoslowakischem (österreichischem) Recht der Vorbehaltseigentümer eines Dampfbackofens, den der Käufer auf einer ihm fremden Liegenschaft aufgestellt hat, sein Eigentum gegen den Ersteher dieser Liegenschaft geltend machen, wenn dieser nicht gutgläubig war?

2. Wem hat der Vorbehaltseigentümer, welcher den dem Wert seiner Sache entsprechenden Teil des Meistbotes schon erhalten hat, bei Durchsetzung seines Vorbehaltseigentums gegen den Ersteher diesen Anteil am Meistbot zurückzustellen?

Österreichische Exekutionsordnung vom 27. Mai 1896 (RGBl. Nr. 79) in der Fassung der Verordnung vom 1. Juni 1914 (RGBl. Nr. 118) — EO. — § 170 Nr. 5. ABGB. § 367.

VIII. Zivilsenat. Beschl. v. 26. Oktober 1939 i. S. K. (Kl.) w. R. (Bekl.). VIII 605/39.

    I. Kreisgericht Eger.
    II. Obergericht Prag.

Die Klägerin verkaufte dem Ehemann der Beklagten einen Dampfbackofen unter Vorbehalt des Eigentums bis zur Vollzahlung des Kaufpreises. Der Ofen wurde vom Käufer in der Mühle seiner Mutter aufgestellt und dort von ihm in Betrieb genommen. Der Kaufpreis wurde bis auf einen kleinen Teilbetrag nicht gezahlt. Später übernahm die Mutter die Bürgschaft und erkannte dabei den Eigentumsvorbehalt der Klägerin an. Mangels Zahlung erklärte die

Klägerin am 29. Dezember 1931 den Rücktritt vom Vertrag und verlangte auch die Rückstellung des Backofens. Gegen die Schwiegermutter der Beklagten wurde ein Ausgleichsverfahren und gegen ihren Ehemann das Konkursverfahren eröffnet. Die Firma A. und der Vater der Beklagten betrieben zur Hereinbringung ihrer Forderungen die Zwangsversteigerung der Mühle, bei welcher der Backofen auf 48200 K. als Zubehör der Liegenschaft mitgeschätzt wurde, obwohl die Schwiegermutter der Beklagten auf den Eigentumsvorbehalt der Klägerin am Backofen hinwies. Die Beklagte erstand durch ihren Bevollmächtigten, den Rechtsanwalt Dr. S. (ihren jetzigen Vertreter), die Mühle für das Meistbot von 370000 K.

Die Klägerin, die angeblich erst nach dem Zuschlage von der Versteigerung der Liegenschaft erfahren hat, klagte noch vor der Meistbotsverteilungstagsatzung gegen die betreibenden Gläubiger, die Firma A. und den Vater der Beklagten, auf Feststellung der Unzulässigkeit ihrer Zwangsvollstreckung in den Backofen und auf Duldung der Auszahlung des restlichen Kaufpreises für den Backofen im Betrage von 52290 K. aus dem Meistbot. Dabei behielt sich die Klägerin schon in der Klage „sämtliche Ansprüche" gegen die jetzt verklagte Ersteherin vor. Das Erstgericht gab dem Klagebegehren wegen der Feststellung ganz, wegen des Kaufpreises nur zu einem Teilbetrage von 26408,80 K. samt Zinsen Folge — desjenigen Betrages des Meistbots, der dem Verhältnis des Schätzwertes des Backofens zum ganzen Schätzwerte der Liegenschaft samt Backofen entsprach — und wies das Mehrbegehren ab. Das Berufungsgericht und das Revisionsgericht bestätigten. Die Gerichte nahmen dabei an, daß der Eigentumsvorbehalt der Klägerin am Backofen niemals bestritten worden und der Backofen nicht Zubehör der versteigerten Liegenschaft geworden sei.

Nach dem Ersturteil in diesem Rechtsstreit hat die Klägerin ihre jetzige Klage gegen die Ersteherin mit dem Klagebegehren auf Ausfolgung des Backofens eingebracht und sich dabei weitere Ansprüche gegen die Beklagte vorbehalten. Sie führt unter anderem aus, Dr. S., der Vertreter der Beklagten, habe den Eigentumsvorbehalt der Klägerin am Backofen gekannt; ferner sei aber auch die Beklagte selbst beim Erwerbe des Backofens nicht gutgläubig gewesen und daher nicht Eigentümerin geworden. Die Beklagte wendet dagegen unter anderem ein: Die Klägerin habe ihre Rechte auf den Backofen durch ihre erste Klage erschöpft. Die Beklagte sei gutgläubig gewesen. Die Kenntnis ihres Vertreters vom Eigentumsvorbehalte der Klägerin sei belanglos. Zwar habe die Klägerin ihn mit ihren Schreiben vom 13. und 19. Januar 1932 von ihrem Eigentumsvorbehalt unterrichtet, doch habe Dr. S. den Eigentumsvorbehalt nicht anerkannt und sei auch nicht der Auffassung gewesen, daß der Klägerin das Eigentumsrecht am Backofen wirklich zustehe. Das Klagebegehren sei unzulässig, weil bei Zurückstellung des Backofens der aus dem Meistbote der Klägerin zugewiesene Betrag von 26408,80 K. zurückzuzahlen sei und eine Verurteilung gegen gleichzeitige Zurückzahlung dieses Meistbots nur dann zulässig wäre, wenn die Hypothekargläubiger zustimmten.

Beide Vorinstanzen haben die Klage abgewiesen. Die Revision der Klägerin führte zur Aufhebung und Zurückverweisung.

Gründe:

Auch ohne den ausdrücklichen Vorbehalt ihrer Ansprüche gegen die Beklagte in der vorigen Klage könnte aus ihrer Einbringung nicht darauf geschlossen werden, daß die Klägerin auf etwaige Rechte am Backofen oder auf Geltendmachung ihres Eigentumsvorbehalts durch Rücktritt vom Vertrag und Zurückforderung des Backofens verzichtet hätte. Einen Verzicht auf die Rechte aus dem Eigentumsvorbehalte folgert die Rechtsprechung nur daraus, daß der Vorbehaltseigentümer selbst in das Vorbehaltsgut in Kenntnis dieses Umstandes zur Hereinbringung des Kaufpreises vollstreckt (Slg. Bd. XVII Nr. 1712, Entsch. des Brünner Obersten Gerichtes vom 14. November 1935 — Rv. I 109 und 110/34 — in Brünner JZ. 1936 Nr. 2306). Das trifft hier aber nicht zu, obwohl die Klägerin eine Teilbefriedigung aus dem Erlöse für das Vorbehaltsgut erlangt hat; denn sie hat diese nicht durch eigene Zwangsvollstreckung, sondern nur bei einer durch andere herbeigeführten Zwangsvollstreckung gesucht und war dazu veranlaßt und gezwungen dadurch, daß sie nach ihrer unbestrittenen Angabe von der Zwangsversteigerung, die auch das Vorbehaltsgut erfaßte, vor der Versteigerung keine Kenntnis hatte. Es mußte daher für sie von vornherein fraglich sein, ob sie der Ersteherin gegenüber ihren Eigentumsvorbehalt noch werde durchsetzen können, und sie mußte deshalb wenigstens ihre Ansprüche auf den Erlös für den Backofen vor der Verteilung des Meistbots sichern.

Wegen des Vorbehalts und des Antrags auf Feststellung der Unzulässigkeit der Zwangsvollstreckung im Vorprozeß, durch den gerade der Eigentumsvorbehalt der Klägerin geltend gemacht wurde, ist auch die Annahme einer stillschweigenden Genehmigung der Veräußerung und eines Verzichts auf den Eigentumsvorbehalt im Sinne des § 863 ABGB. nicht möglich.

Entfällt damit der Abweisungsgrund des Berufungsgerichts, so muß auf die Sache weiter eingegangen werden. Der Vorprozeß betrifft nicht die gleichen Streitteile und auch nicht den gleichen Streitgegenstand; somit liegt weder Streitanhängigkeit noch eine entschiedene Streitsache vor. Daß die Pfandgläubiger kein Pfandrecht an dem Backofen hatten, ist in jenem Rechtsstreite mit zutreffenden Gründen festgestellt.

Entscheidend für den jetzigen Rechtsstreit ist nur, ob überhaupt gegen die Ersteherin eine Eigentumsklage auf Grund des Eigentumsvorbehalts der Klägerin möglich ist oder nicht. Die Ansicht der Gerichte im Vorprozeß, daß eine Entwährungsklage nach Versteigerung der Sache nicht mehr auf die Sache selbst, sondern nur noch auf den Erlös gerichtet werden könne, trifft lediglich für den Fall zu, daß der Ersteher bei der Versteigerung gutgläubig war. Das ergibt sich aus der Entstehung der Bestimmungen des § 170 Nr. 5 EO. Nach der ursprünglichen Fassung war der Erwerb in der Versteigerung gegenüber dem Ersteher unanfechtbar, gleichgültig, ob der Ersteher gutgläubig war oder nicht. Die neue Fassung hat § 367 ABGB. wieder vollkommen zur Geltung gebracht und schützt nur noch den gutgläubigen Ersteher. Man könnte zwar annehmen, daß zu unterscheiden sei, ob die Anmeldung der Rechte im Versteigerungstermin vorgenommen wurde, oder ob sie unterblieb, so, als ob durch die Anmeldung die Gutgläubigkeit des Erstehers ausgeschlossen, bei Unterlassung der Anmeldung aber der Ersteher als gutgläubig zu behandeln sei. Allein weder das eine noch das andere trifft zu. Die Anmeldung beseitigt den guten Glauben des Erstehers nur dann, wenn sie so gefaßt und belegt ist, daß das Recht des Anmeldenden genügend dargetan ist. Der schon vor der Versteigerung nicht gutgläubige Ersteher bleibt auch trotz Unterlassens der Anmeldung weiterhin bösgläubig und kann sich auf die Unterlassung der Anmeldung nicht berufen. Eine Rechtsverwirkung durch Unterlassung der Anmeldung im Sinne der ursprünglichen Fassung des § 170 Nr. 5 EO. gibt es nicht mehr. Die Klägerin kann daher auch gegen die verklagte Ersteherin trotz Nichtanmeldung ihres Eigentumsvorbehalts am Backofen im Versteigerungstermin im Sinne des § 170 Nr. 5 EO. ihren Eigentumsvorbehalt geltend machen, wenn die Beklagte bei der Zuschlagserteilung nicht gutgläubig oder wenigstens als nicht gutgläubig anzusehen war.

Da der Bevollmächtigte der Beklagten, der für sie bei der Versteigerung aufgetreten ist, den ursprünglichen Eigentumsvorbehalt der Klägerin am Backofen kannte, kommt es auch auf seinen guten Glauben zur Zeit des Zuschlages an. Daher muß vor allem klargestellt werden, ob Dr. S. zur Zeit des Zuschlages gutgläubig war oder nicht. War er nicht gutgläubig, so wirkt das gegen die Beklagte und kann die Klägerin ihren Eigentumsvorbehalt am Backofen gegen sie geltend machen ohne Rücksicht darauf, ob die Beklagte selbst damals bösgläubig war oder nicht. War aber Dr. S. beim Zuschlage gutgläubig, dann ist es entscheidend, ob die Beklagte selbst damals bösgläubig war oder nicht. Auf beide Fragen sind die Untergerichte nicht eingegangen. Deshalb sind ihre Urteile aufzuheben und ist die Sache zur neuerlichen Verhandlung und Entscheidung zurückzuverweisen. Zu erwähnen ist allerdings, daß die Klägerin bei Zurückstellung des Backofens auch ihrerseits den erhaltenen Meistbotsanteil von 26408,80 K. an das Exekutionsgericht zurückgeben muß, weil durch die Zurückstellung des Backofens gegenüber dem ersten Rechtsstreit eine neue Sachlage geschaffen wird. Es wird Sache des Exekutionsgerichts sein, hierüber im Einvernehmen mit allen Beteiligten zu verfügen. Dort, aber nicht in diesem Rechtsstreite kann die Beklagte ihre etwaigen Ansprüche auf diesen Meistbotsanteil erheben. Jedenfalls bildet diese Verpflichtung der Klägerin keinen Abweisungsgrund für das jetzige Klagebegehren.

---

16. Genügt eine von einem Angestellten während seiner Dienstzeit begangene Verfehlung, um die Anfechtung einer mit ihm bei der Beendigung des Dienstverhältnisses getroffenen Abfindungsvereinbarung wegen Irrtums über eine Wesenseigenschaft des Angestellten zu rechtfertigen?

BGB. § 119 Abs. 2.

II. Zivilsenat. Urt. v. 28. Oktober 1939 i. S. WZVerband GmbH.
i. Liqu. (Kl.) w. E. (Bekl.). II 124/39.

I. Landgericht Essen.
II. Oberlandesgericht Hamm.

Der Beklagte war seit vielen Jahren in leitender Stellung Angestellter der Klägerin, eines wirtschaftlichen Verbandes in Form einer Gesellschaft mit beschränkter Haftung. Im Frühjahr 1936 wurde die Klägerin nach Entlassung ihres bisherigen alleinigen Geschäftsführers, der sich mit den Gesellschaftern überworfen hatte, aufgelöst. Der Beklagte und der Wirtschaftsprüfer Dr. H. wurden zu Abwicklern bestellt. Da gegen den bisherigen Geschäftsführer ein Strafverfahren eingeleitet wurde, erschien es ratsam, den Beklagten als dessen langjährigen Mitarbeiter von dem Amt als Mitabwickler zu entbinden, obwohl gegen ihn selbst nichts vorlag. Der Beklagte schied zum 1. April 1938 endgültig aus den Diensten der Klägerin aus. In Anerkennung seiner langjährigen treuen Dienste gewährte ihm die Klägerin, ohne daß eine rechtliche Verpflichtung hierzu bestand, an Stelle eines Ruhegehalts, das wegen der Auflösung der Klägerin nicht in Betracht kam, eine einmalige Abfindung von 100000 RM. Der Betrag wurde dem Beklagten im April 1938 ausgezahlt.

Später erfuhr die Klägerin folgenden Sachverhalt: Im Februar 1937 hatte eine Angestellte versehentlich einen für Dr. H. persönlich bestimmten Brief des Aufsichtsratsvorsitzenden der Klägerin, der zugleich Vorstandsmitglied einer Gesellschafterin der Klägerin war, geöffnet und, da Dr. H. verreist war, dem Beklagten vorgelegt. Dieser nahm von dem Inhalt des Briefes Kenntnis und sandte ihn an Dr. H. erst weiter, nachdem er sich eine Abschrift davon genommen hatte. Er glaubte, obwohl der Brief in Wahrheit völlig unverfänglich war, aus ihm entnehmen zu können, daß sich Dr. H. in seinen Maßnahmen von Mitgliedern der Klägerin beeinflussen lasse, und beabsichtigte deshalb nach seiner unwiderlegten Behauptung, die Abschrift gegebenenfalls als Handhabe gegen Dr. H. zu verwenden, zu dem er in einer gewissen Gegensätzlichkeit stand und von dem er daher Maßnahmen gegen sich befürchtete. Im Herbst 1937 zeigte der Beklagte die Briefabschrift bei einer Unterhaltung über Dr. H. dem Kaufmann G., mit dem er auf Grund seiner kaufmännischen Tätigkeit gut bekannt war. G. stand damals, wie der Beklagte wußte, mit der

Klägerin wegen eines größeren Geldanspruchs in Streit. Er nahm die Briefabschrift, ohne daß der Beklagte widersprach, an sich und verwendete sie im Juni 1938 in einem Schreiben an den Aufsichtsratsvorsitzenden der Klägerin, in dem er sich über die Ablehnung seiner Ansprüche beschwerte und unter deutlichem Hinweis auf den Brief versteckte Vorwürfe gegen Dr. H. erhob. Ermittlungen, welche die Klägerin daraufhin anstellte, offenbarten das Verhalten des Beklagten. Ein Schaden ist der Klägerin durch den Vorfall nicht entstanden.

Die Klägerin, die in dem Verhalten des Beklagten einen groben Vertrauensbruch erblickt und der Meinung ist, er habe sie dadurch schädigen wollen, hat den mit ihm geschlossenen Abfindungsvertrag alsbald, nachdem sie Kenntnis von dem Vorfall erhalten hatte, wegen Irrtums und arglistiger Täuschung angefochten. Sie verlangt mit der Klage Rückzahlung des Betrages.

Die Vorinstanzen haben die Klage abgewiesen. Die Revision der Klägerin hatte keinen Erfolg.

Aus den Gründen:

Das Berufungsgericht verneint die Berechtigung der auf § 119 Abs. 2 BGB. gestützten Anfechtung der Abfindungsvereinbarung wegen Irrtums über verkehrswesentliche Eigenschaften des Beklagten. Es geht zwar davon aus, daß die Klägerin mit der Zahlung der Abgangsentschädigung sein untadeliges Verhalten und seine unbedingte Zuverlässigkeit während der langjährigen Dienstzeit habe belohnen wollen; es sieht hierin auch eine persönliche Eigenschaft des Beklagten, die für Geschäfte der in Rede stehenden Art als verkehrswesentlich zu gelten habe. Jedoch hält es die einmalige Verfehlung des Beklagten den Umständen nach nicht für genügend, um die Annahme zu rechtfertigen, daß dem Beklagten diese Eigenschaft fehle und daß die Klägerin sich deshalb über die Eigenschaft geirrt habe. Hierzu führt es aus: Die Abschriftnahme von dem Privatbrief des Aufsichtsratsvorsitzenden der Klägerin an Dr. H. stelle allerdings eine Taktlosigkeit dar. Dem Beklagten könne aber nicht widerlegt werden, daß er hierzu durch besondere Umstände, insbesondere durch eine gewisse Gegensätzlichkeit zu Dr. H., veranlaßt worden sei und bezweckt habe, gegebenenfalls eine Handhabe gegen diesen, nicht etwa gegen die Klägerin zu erlangen, daß er auch überzeugt gewesen sei, der Inhalt des Schreibens berühre die Klägerin nicht. Auch die spätere Überlassung der Briefabschrift an G. rechtfertige nicht die Annahme, daß der Beklagte diesem den Brief habe in die Hand spielen wollen, damit er ihn gegen die Klägerin verwerte. Hierfür spreche vor allem auch der von G. bestätigte Inhalt seines Gesprächs mit dem Beklagten, das diesen zur Herausholung des Schriftstücks veranlaßt habe, sowie auch der Umstand, daß der Beklagte gezögert habe, als G. ihn um Überlassung der Abschrift gebeten habe. Da sich der Beklagte sonst etwa 30 Jahre lang in den Diensten der Klägerin untadelig geführt und seine Pflicht getan habe, ohne zu Beanstandungen Anlaß zu geben, könne die Entgleisung, die sein hier erörtertes Verhalten darstelle, nicht dahin gewertet werden, daß damit eine vorhandene schlechte Eigenschaft des Beklagten zutage getreten sei.

Die Revision macht demgegenüber in erster Reihe geltend, das Verhalten des Beklagten könne selbst bei Zugrundelegung des vom Berufungsgericht angenommenen Sachverhalts nicht als so harmlos betrachtet werden, wie es das Berufungsgericht tue. Auf alle Fälle stelle es einen groben Vertrauensbruch dar, wenn der Beklagte seine Vertrauensstellung und seinen besonders hervorgehobenen Posten in leitender Stellung durch Verwertung eines nicht für ihn bestimmten und nur versehentlich in seine Hände gelangten Schreibens mißbrauche, gleichviel ob sein Vorgehen gegen Dr. H. oder gegen die Klägerin gerichtet gewesen sei. Schon der Umstand, daß der Beklagte das für ihn nicht bestimmte Schreiben durchgelesen und sich dann noch eine Abschrift davon angefertigt habe, sei mit der Untadeligkeit, die von dem Inhaber einer leitenden Vertrauensstellung verlangt werden müsse, völlig unverträglich. Möge auch im Einzelfall aus einer einmaligen Handlungsweise nicht ohne weiteres auf eine verkehrswesentliche Eigenschaft geschlossen werden können, so müsse dies doch bei einem Verstoße so schwerwiegender Art anerkannt werden, wie er im vorliegenden Falle vom Beklagten zugegeben worden sei, einem Verhalten, das bei der Frage nach der Berechtigung einer fristlosen Lösung eines solchen Angestelltenverhältnisses von ausschlaggebender Bedeutung sein müsse. Hierzu komme, daß der Beklagte von der Abschrift auch Gebrauch gemacht habe, und zwar in einer Weise, daß er mit der Möglichkeit einer Schädigung der Klägerin notwendig habe rechnen müssen. Besonders zu berücksichtigen sei auch noch die Höhe der gezahlten Abfindungssumme; denn diese sei gerade ein Hinweis darauf, daß die Klägerin von einer ganz besonders einwandfreien und makellosen Einstellung des Beklagten ausgegangen sei.

Diese Angriffe der Revision können keinen Erfolg haben. Das Berufungsgericht geht zutreffend davon aus, daß rechtsgrundsätzlich Wesenseigenschaften wie Vertrauenswürdigkeit, Pflichttreue, Ehrlichkeit unter die persönlichen Eigenschaften im Sinne des § 119 Abs. 2 BGB. fallen können. Freilich muß es sich hierbei um Eigenschaften handeln, die zum Inhalte des Geschäfts in unmittelbarer Beziehung stehen, d. h. gerade für dieses von verkehrswesentlicher Bedeutung sind. So sind die genannten Eigenschaften insbesondere für die Erfüllbarkeit von Dienstverträgen, namentlich von solchen mit höheren Angestellten, in aller Regel besonders erheblich, und sie haben deshalb insoweit als Eigenschaften im Sinne des § 119 Abs. 2 BGB. zu gelten, während sie z. B. bei einem Barkauf in der Person des Käufers völlig gleichgültig sind. Eine unmittelbare Beziehung der erwähnten Art haben diese Eigenschaften aber auch zum Abschluß eines belohnenden Abfindungsvertrages mit einem höheren Angestellten, wenn die Abfindung nach Art und Höhe wesentlich deshalb gewährt worden ist, weil dem äußeren Anscheine nach diese Eigenschaften tatsächlich bewiesen worden sind (vgl. RGZ. Bd. 124 S. 192 flg.; RAG. Bd. 14 S. 196 [202]). Stellt sich später heraus, daß sich der Angestellte im Dienste grobe Pflichtwidrigkeiten, z. B. strafbare Untreue, Unterschlagungen und dergl., hat zuschulden kommen lassen, so kann dies die Anfechtung des Abfindungsvertrages auf Grund des § 119 Abs. 2 BGB. rechtfertigen, wenn diese Pflichtwidrigkeiten auf das Fehlen der vorausgesetzten Eigenschaft schließen lassen. Die Anfechtung läßt sich also in diesen Fällen nicht schon mit dem pflichtwidrigen Verhalten allein, sondern nur mit dem sich daraus ergebenden Fehlen der vorausgesetzten Eigenschaft begründen.

Von diesen Rechtsgrundsätzen ist auch das Berufungsgericht bei seiner Würdigung des Sachverhalts ausgegangen. Es gelangt jedoch auf Grund seiner tatsächlichen Feststellungen zu dem Ergebnis, daß im vorliegenden Falle das Verhalten des Beklagten, obwohl es, wie auch das Berufungsgericht keineswegs verkennt, einen ernsten und schweren Vertrauensbruch darstellt, doch einen Schluß auf eine in seinem Wesen liegende Vertrauensunwürdigkeit und Treulosigkeit des Beklagten nicht zulasse, daß es sich vielmehr um eine einmalige, durch besondere Umstände veranlaßte Entgleisung des Beklagten handele. Diese Abwägung liegt auf tatsächlichem Gebiet und kann daher mit der Revision nicht angegriffen werden. Die von dieser hervorgehobenen Gesichtspunkte mögen besonders ins Gewicht fallen, wenn es sich um die fristlose Entlassung eines Angestellten auf Grund des § 626 BGB. handelt oder auch um die Einstellung der Weiterzahlung eines vereinbarten Ruhegehalts auf Grund des § 242 BGB., was grundsätzlich noch schwerer wiegende Verfehlungen voraussetzt als die fristlose Entlassung (vgl. RAG. Bd. 14 S. 196 [202]). Selbst wenn das Verhalten des Beklagten für eine solche Maßnahme ausgereicht haben würde, nötigt dies doch noch nicht zu dem Schlusse, daß dem Beklagten die vorausgesetzte und nach der Art des Geschäfts verkehrswesentliche Wesenseigenschaft gefehlt habe. Das Berufungsgericht hat vielmehr eingehend und ohne erkennbaren Rechtsirrtum begründet, weshalb es im vorliegenden Falle diese Schlußfolgerung nicht zieht. Daß es hierbei wesentliche Gesichtspunkte, insbesondere die von der Revision angeführten, übersehen habe, ist nicht ersichtlich. Wenn die Revision noch besonders hervorhebt, der Beklagte habe notwendig damit rechnen müssen, daß G. den Brief gegen Dr. H. (und dadurch mittelbar auch gegen die Klägerin) verwenden werde und daß dadurch auch die Klägerin geschädigt werden könne, so übersieht sie, daß das Berufungsgericht ausdrücklich das Gegenteil feststellt, indem es sagt, der Beklagte habe mit einer Auswertung des Schreibens durch G. gegen die Klägerin nicht gerechnet und auch nicht rechnen können.

---

17. Bedarf ein Gesellschaftsvertrag mit dem Ziel, einem Gesellschafter gehörige Grundstücke durch Veräußerung für Rechnung der Gesellschaft zu verwerten, auch dann der Form des § 313 BGB., wenn der Eigentümer der Grundstücke zum alleinigen Geschäftsführer der Gesellschaft bestimmt ist?

BGB. §§ 313, 705, 709, 712, 715.

II. Zivilsenat. Urt. v. 1. November 1939 i. S. H. (Bekl.) w. M. u. a. (Kl.). II 91/39.

I. Landgericht Hamburg.
II. Oberlandesgericht daselbst.

17. Gesellschaftsvertrag. Formzwang.

Die Kläger sind die Testamentsvollstrecker des am 21. September 1934 verstorbenen Heinrich M. Dieser war Eigentümer mehrerer Grundstücke in L. Am 22. Oktober 1930 schloß Heinrich M. mit dem Beklagten drei schriftliche Gesellschaftsverträge zum Zwecke „der Bewirtschaftung und Verwertung der Grundstücke für gemeinschaftliche Rechnung". Der erste der Verträge bezieht sich auf den Hof K. nebst einigen von Heinrich M. hinzuerworbenen Grundstücken, die beiden anderen betreffen Grundstücke in der Z.-Straße und am M.-Weg. Die drei Verträge enthalten eine Anzahl gleichlautender Bestimmungen. Die Parteien sollten an den Gesellschaften je zur Hälfte beteiligt sein. Zum Geschäftsführer wurde Heinrich M. mit der Berechtigung bestellt, die Grundstücke oder die Werte der Gesellschaft für deren Rechnung zu veräußern. Die Gesellschaften wurden auf unbestimmte Zeit geschlossen, sollten aber erst nach der Veräußerung der Grundstücke aufgelöst werden. Die Gesellschaftsschulden sollten bestimmte, in jedem einzelnen Vertrage festgelegte Summen nicht übersteigen; darüber hinausgehende Beträge sollten von den Gesellschaftern anteilig eingezahlt werden. Aus den Einnahmen sollten zunächst die Gesellschaftsschulden bis zu deren Abdeckung abgezahlt werden. Die Gewinne aus einem der mehreren von den Parteien geführten Grundstücksgeschäfte sollten auf die übrigen schwebenden Geschäfte übergebucht und die Gewinne erst bei Abschluß sämtlicher Geschäfte ausgezahlt werden. In dem ersten Vertrage (Hof K.) findet sich die Bestimmung: „Die Grundstücke und Hypotheken bleiben auf den Namen des Gesellschafters M. stehen. Eine Übertragung auf die Gesellschaft erfolgt nicht."

Die drei Kläger haben nach dem Tode des Heinrich M. als seine Testamentsvollstrecker die Geschäfte der Gesellschaften weitergeführt. Sie haben von dem Beklagten die Leistung von Einschüssen für die Gesellschaften gefordert und behauptet, daß bei allen drei Gesellschaften der Höchstbetrag der Gesellschaftsschulden erheblich, insgesamt um 159000 RM., überschritten worden sei. Sie haben geltend gemacht, der Beklagte habe davon bestimmungsgemäß die Hälfte mit 79500 RM. an die Gesellschaften einzuzahlen, und mit der Klage die Zahlung eines Teilbetrages von 10000 RM. nebst Zinsen an sich gefordert. Der Beklagte hat Abweisung der Klage beantragt. Er hat behauptet, die drei Gesellschaftsverträge vom 22. Oktober 1930 seien nichtig. Sie hätten nach § 313 BGB. der gerichtlichen oder notarischen

Beurkundung bedurft, weil Heinrich M. verpflichtet gewesen sei, die Grundstücke in die Gesellschaft einzubringen, oder weil er sich doch zum mindesten in der Verfügung über die Grundstücke Beschränkungen auferlegt habe. Als wesentliche Voraussetzung für die Verwertung der Grundstücke sei deren Aufteilung vorgesehen gewesen. Die Verträge seien aber auch sittenwidrig und nach § 138 BGB. nichtig, weil er, der Beklagte, darin mit einer unverhältnismäßig großen Gefahr belastet worden sei.

Das Landgericht hat die Klage durch ein Zwischenurteil dem Grunde nach für berechtigt erklärt. Die Berufung des Beklagten hatte keinen Erfolg. Seine Revision führte zur Aufhebung des Berufungsurteils und zur Abweisung der Klage.

Aus den Gründen:

Das Berufungsgericht hat die drei Gesellschaftsverträge vom 22. Oktober 1930 als rechtswirksam angesehen. Die Beobachtung der Formvorschrift in § 313 BGB. hat es nicht für notwendig erachtet, weil in den Gesellschaftsverträgen keine Verpflichtung zur Übertragung eines Grundstücks enthalten sei. Weiter hat es ausgeführt, die Gesellschaftsverträge ließen auch keinen Verstoß gegen die guten Sitten erkennen.

Die Revision macht dazu geltend, die Gesellschaftsverträge seien nach § 313 oder nach § 138 BGB. nichtig. Entweder seien Heinrich M. und seine Rechtsnachfolger nach den Verträgen verpflichtet, von dem Beklagten nachgewiesene nutzbringende Verkäufe abzuschließen, oder sie seien vollständig frei, jeden Verkauf zu unterlassen. Dann seien aber die Verträge im höchsten Grade sittenwidrig, da sie den Beklagten auf unabsehbare Zeit zu Schuldübernahmen und Einzahlungen verpflichteten, ohne ihm irgendeine rechtliche Möglichkeit zu geben, sich aus den Verpflichtungen zu lösen. Das könne nach Treu und Glauben nicht der Sinn der Verträge sein. Man müsse daher annehmen, daß Heinrich M. auf Verlangen des Beklagten zu angemessenen Verkäufen habe verpflichtet sein sollen.

Der Revision ist darin beizutreten, daß die drei Gesellschaftsverträge vom 22. Oktober 1930 nach § 313 BGB. der gerichtlichen oder notarischen Beurkundung bedurften und wegen Nichtbeachtung dieser Formvorschrift nichtig sind. Für die Beurteilung der Rechtslage ist zwischen der Stellung des Heinrich M. als Gesellschafter und

Eigentümer der zu verwertenden Grundstücke und seiner Stellung als Geschäftsführer der drei Gesellschaften zu unterscheiden. Allerdings hat sich Heinrich M. in den Gesellschaftsverträgen nicht verpflichtet, seine Grundstücke dem Rechte nach gemäß § 718 BGB. als Gesellschaftsvermögen in die Gesellschaften einzubringen. In allen drei Verträgen ist aber als Zweck der Gesellschaft übereinstimmend die Bewirtschaftung und die Verwertung der darin bezeichneten Grundstücke für gemeinschaftliche Rechnung angegeben. Heinrich M. und der Beklagte sollten an den Gesellschaften je zur Hälfte beteiligt sein; der Beklagte nahm auch am Verluste teil. Weiter sollten die aus einem der gemeinsam unternommenen Grundstücksgeschäfte hervorgehenden Gewinne auf die anderen schwebenden Geschäfte übergebucht und ein Gewinn erst nach Abschluß sämtlicher Geschäfte ausgezahlt werden. Aussicht auf einen nennenswerten Gewinn bot allein ein günstiger Verkauf der Grundstücke. In anderer Weise war, wie der tatsächliche Verlauf der Dinge ja auch gezeigt hat, nicht einmal mit einer Deckung der laufenden Unkosten zu rechnen. Die Beteiligung des Beklagten, eines bekannten Hausmaklers, hatte nur dann einen Sinn, wenn das gemeinsame Ziel auf den möglichst günstigen Weiterverkauf der Grundstücke, am besten im Wege einer den größten geldlichen Erfolg versprechenden Aufteilung, gerichtet war. Es ist richtig, daß keiner der drei Gesellschaftsverträge ausdrücklich etwas von einer Verpflichtung des Heinrich M. gegenüber dem Beklagten als seinem Mitgesellschafter sagt, eine sich bietende günstige Gelegenheit zum ganzen oder teilweisen Verkaufe der Grundstücke für Rechnung der Gesellschaft durch den Abschluß eines Vertrages auszunutzen. Die Verträge bestimmen vielmehr lediglich, daß Heinrich M. berechtigt sein sollte, die Grundstücke für Rechnung der Gesellschaft zu veräußern; von einer Verpflichtung des Heinrich M. erwähnen die Verträge nichts. Das Berufungsgericht hat daraus gefolgert, daß Heinrich M. nach den Verträgen wohl berechtigt gewesen sei, die Grundstücke für Rechnung der Gesellschaft zu veräußern, daß er aber nicht in einer bestimmten oder auch nur bestimmbaren Richtung dazu verpflichtet gewesen sei. Die Auslegung, die das Berufungsgericht damit den Gesellschaftsverträgen gegeben hat, ist aber nach ihrem Inhalt und Zweck nicht möglich; sie verstößt gegen § 157 BGB., und das Revisionsgericht ist daran nicht gebunden (vgl. RGZ. Bd. 156 S. 129 [133]). Die Revision weist mit Recht darauf hin, daß durch eine solche Auslegung des Vertrages für den

Beklagten eine völlig unhaltbare Lage geschaffen werde. In Wahrheit würde aber der Beklagte, wenn man die Rechtswirksamkeit der Verträge unterstellt und sich ausschließlich an ihren Wortlaut hält, dem Heinrich M. gegenüber nicht so völlig rechtlos gewesen sein, wie das Berufungsgericht das angenommen zu haben scheint. Das Berufungsgericht ist selbst davon ausgegangen, daß der Zweck der Gesellschaften auf Gewinnerzielung durch den Verkauf der Grundstücke gerichtet gewesen sei. Dann folgt aber die Verpflichtung des Heinrich M. zum Abschluß von Verkäufen bei sich bietenden vorteilhaften Gelegenheiten unmittelbar aus der Natur und dem Zwecke der Verträge, ohne daß es einer ausdrücklichen Erwähnung in den Vertragsurkunden bedurfte. Die Gesellschaftsverträge sind zum Zwecke gemeinsamer Verwertung der Grundstücke des Heinrich M. geschlossen worden, und der Gewinn aus der Verwertung sollte geteilt werden. Der gemeinsame Zweck konnte nur durch die Veräußerung von Grundstücken oder Grundstücksteilen erreicht werden. Nach der rechtlichen Natur der Gesellschaften und nach § 705 BGB. war Heinrich M. verpflichtet, zur Erreichung des gemeinsamen Zweckes in der durch den Vertrag bestimmten Weise tätig zu sein. Dazu gehörte vor allem seine Mitwirkung bei der Veräußerung der Grundstücke. Wenn Heinrich M. nach den Gesellschaftsverträgen als Geschäftsführer der Gesellschaft berechtigt sein sollte, die Grundstücke für Rechnung der Gesellschaft zu veräußern, so stand diesem Recht notwendig auch die Pflicht als Gesellschafter gegenüber, sich im Rahmen ordnungsmäßiger Geschäftsführung die Verwertung der Grundstücke durch Veräußerung ebenso gefallen zu lassen, wie er nach der eigenen Auffassung der Kläger einer Bewirtschaftung der Grundstücke für Rechnung der Gesellschaften zustimmen mußte. Die Bestimmung in den Gesellschaftsverträgen verliert bei dieser Auslegung durchaus nicht jede Bedeutung. Der Verkauf und die Veräußerung der Grundstücke waren für die Gesellschaften die wichtigsten Geschäfte, und dem Heinrich M. wurde schon dadurch, daß er solche Verträge ohne Mitwirkung seines Mitgesellschafters abschließen durfte, eine wesentliche Bevorzugung vor diesem eingeräumt. Heinrich M. durfte danach seine Zustimmung zu der Veräußerung der Grundstücke nicht willkürlich versagen, und der Beklagte konnte ihn zur Erteilung der Zustimmung selbst im Wege der Klage anhalten, wenn der gemeinsame Zweck und die Belange der Gesellschaften es erforderten und die ablehnende Haltung des Heinrich M. im Sinne des § 242 BGB.

gegen Treu und Glauben verstieß (vgl. RG. in Gruch. Bd. 49 S. 627 [630]).

An diesem Ergebnis vermag auch die gleichlautende Bestimmung der drei Gesellschaftsverträge über die Geschäftsführung nichts zu ändern. Danach ist Heinrich M. zum Geschäftsführer, und zwar nach dem Zusammenhang und dem Sinne der Verträge zum alleinigen Geschäftsführer bestellt worden, und der Beklagte war deshalb nach § 710 BGB. von der Geschäftsführung ausgeschlossen. Die einem Gesellschafter durch den Gesellschaftsvertrag übertragene Befugnis zur Geschäftsführung kann ihm nach § 712 Abs. 1 BGB. durch einstimmigen Beschluß der übrigen Gesellschafter entzogen werden, wenn ein wichtiger Grund vorliegt, der insbesondere auch in einer groben Pflichtverletzung bestehen kann. Ein solcher Grund würde gegeben sein, wenn der Geschäftsführer dem Gesellschaftszweck in einer gegen Treu und Glauben verstoßenden Weise zuwiderhandelt. Besteht die Gesellschaft nur aus zwei Gesellschaftern, so ist der von der Geschäftsführung ausgeschlossene Gesellschafter für sich allein zur Entziehung der Geschäftsführung befugt (vgl. RG. in JW. 1924 S. 671 Nr. 4). Die Entziehung der Befugnis zur Geschäftsführung würde neben dem Wegfall der Vertretungsmacht des bisherigen geschäftsführenden Gesellschafters gemäß § 715 BGB. auch zur Folge gehabt haben, daß nunmehr nach § 709 Abs. 1 BGB. die Führung der Geschäfte beiden Gesellschaftern gemeinsam zugestanden hätte und für jedes Geschäft die Zustimmung aller Gesellschafter erforderlich gewesen wäre. Für einen solchen Fall hat aber die Rechtsprechung angenommen (vgl. RGZ. Bd. 68 S. 260 und Bd. 97 S. 329 [331]), daß, wenn ein Gesellschafter pflichtwidrig entgegen einer aus dem Gesellschaftsvertrage zu entnehmenden Verpflichtung seine Zustimmung verweigert, diese im Wege der Klage erzwungen werden kann, falls der gemeinsame Zweck und das Wohl der Gesellschaft die Zustimmung erfordert. Deshalb kann dahingestellt bleiben, ob der Beklagte gegen Heinrich M. auf dessen Zustimmung zu der Veräußerung von Grundstücken oder Grundstücksteilen auch schon klagen konnte, ohne ihm vorher nach § 712 Abs. 1 BGB. die Befugnis zur alleinigen Geschäftsführung entzogen zu haben. Jedenfalls konnte der Beklagte von Heinrich M. unter Umständen die Veräußerung diesem gehöriger Grundstücke an einen dritten Bewerber verlangen und gegebenenfalls im Wege der Klage durchsetzen, und diese Verpflichtung ergab sich unmittelbar aus den

Gesellschaftsverträgen. Nach § 313 BGB. ist auch die Verpflichtung zur Übertragung von Grundeigentum an einen Dritten formbedürftig (vgl. RGZ. Bd. 76 S. 182 [184] und Bd. 81 S. 49 [50]), und es ist weiter unerheblich, ob die Verpflichtung bedingt oder unbedingt übernommen wird (vgl. RGZ. Bd. 77 S. 415 [417], Bd. 109 S. 22 [25]). Danach bedurften die drei Gesellschaftsverträge vom 22. Oktober 1930 der gerichtlichen oder notarischen Beurkundung, und sie sind nach § 125 BGB. nichtig, weil sie dieser Form ermangeln (vgl. RG. in JW. 1905 S. 73 Nr. 7; LZ. 1907 Sp. 433 Nr. 3). Dann ist der Beklagte aber zu weiteren Einzahlungen auf Grund der Verträge nicht verpflichtet.

18. 1. Über den Begriff des unabwendbaren Zufalls im Sinne des § 233 Abs. 1 ZPO.

2. Unter welchen Voraussetzungen muß eine Partei das Verschulden eines Assessors, der ihrem Prozeßbevollmächtigten zur Ableistung des anwaltlichen Probedienstes überwiesen ist (Probeassessor), gemäß § 232 Abs. 2 ZPO. gegen sich gelten lassen?

ZPO. § 232 Abs. 2, § 233 Abs. 1. Reichs-Rechtsanwaltsordnung vom 21. Februar 1936 (RGBl. I S. 107) — RRAnwO. — §§ 6, 13, 29 Abs. 1.

V. Zivilsenat. Beschl. v. 6. November 1939 i. S. F. (Bekl.) w. L. (Kl.). V B 9/39.

I. Landgericht Dresden.
II. Oberlandesgericht daselbst.

Der Sachverhalt ergibt sich aus den

Gründen:

Gegen das dem Prozeßbevollmächtigten des Beklagten am 4. Juli 1939 zugestellte Urteil des Landgerichts hat der Beklagte, vertreten durch Rechtsanwalt Dr. G., am 5. August 1939 Berufung eingelegt und gleichzeitig beantragt, gegen die Versäumung der Berufungsfrist die Wiedereinsetzung in den vorigen Stand zu erteilen. Zur Begründung dieses Antrags hat er vorgetragen, der Vertreter des Beklagten beim Landgericht habe den Auftrag zur Einlegung der Berufung am 3. August 1939 mündlich auf der Kanzlei

18. Wiedereinsetzungsgründe. Probeassessor.

des Rechtsanwalts Dr. G. erteilt, und zwar dem bei diesem im Probedienst beschäftigten Assessor H. Dieser habe auch sofort der Angestellten Sch. die Berufung diktiert und sie angewiesen, den Schriftsatz alsbald in Reinschrift zu übertragen, damit er am Vormittage des 4. August noch eingereicht werden könne. Am 3. August 1939 abends 7 Uhr habe er zu einer Besprechung mit einer Auftraggeberin gehen müssen, die nicht in der Lage gewesen sei, in die Kanzlei zu kommen. Rechtsanwalt Dr. G. selbst sei durch seine Tätigkeit als Notar bis 10 Uhr abends in Anspruch genommen worden. Da Assessor H. mit der von ihm geführten Verhandlung wider Erwarten erst gegen ³/₄11 Uhr zu Ende gekommen sei, habe er seine Absicht, am Abend nochmals die Kanzlei aufzusuchen und dort mit Dr. G. zusammenzutreffen, nicht mehr ausführen können. Am folgenden Tage sei er zur Teilnahme an einer Beerdigung in F. beurlaubt gewesen. Am 4. August 1939 habe der Vater der Angestellten Sch. fernmündlich mitgeteilt, daß seine Tochter mit Fieber krank im Bett liege. Rechtsanwalt Dr. G. habe von dem Berufungsauftrag infolgedessen erst am 5. August 1939 Kenntnis erlangt und dann sofort den Berufungsschriftsatz eingereicht.

Mit dem Antrag auf Wiedereinsetzung in den vorigen Stand sind je eine eidesstattliche Versicherung des Assessors H. und des Kanzleiangestellten Ho. überreicht worden. Die ihn selbst betreffenden Tatsachen hat Rechtsanwalt Dr. G. an Eides Statt versichert.

Das Oberlandesgericht hat durch den angefochtenen Beschluß die Berufung als unzulässig verworfen. Die Wiedereinsetzung in den vorigen Stand hat es abgelehnt. Es hat erwogen, Schwierigkeiten im Kanzleibetriebe, hervorgerufen durch die Einziehung des Vorstehers zum Heeresdienst und eines zweiten Angestellten zum Arbeitsdienst, hätten für Rechtsanwalt Dr. G. eine gesteigerte Pflicht zur Überwachung begründet. Er habe deshalb Vorsorge treffen müssen, daß er über die Vorgänge während seiner Abwesenheit noch an demselben Tag unterrichtet werde, indem er sich von einem dafür Verantwortlichen mündlich oder durch Hinterlassung schriftlicher Vermerke Bericht erstatten ließ. An einer solchen Vorkehrung habe es hier gefehlt. Als Assessor H. und die Angestellte Sch. am 4. August nicht zum Dienste gekommen seien, habe für Dr. G., nachdem auch die mit H. vorgesehene Besprechung am Abend des 3. August nicht zustande gekommen war, Veranlassung bestanden, die Arbeitsunterlagen sowohl des Assessors als auch der Angestellten Sch. gründlich zu durchsuchen. Zur ordnungsmäßigen Entgegennahme des Berufungsauftrags hätte eine entsprechende sofortige Niederschrift des Assessors H. gehört, die bei sachgemäßer Anleitung durch Dr. G. gewiß auch aufgenommen worden wäre und sich dann in den Arbeitsunterlagen H.s oder der Angestellten Sch. gefunden haben würde. Rechtsanwalt Dr. G. habe daher weder vorbeugend noch auch zum Ausgleich bestehender Hemmungen jenes Maß besonderer Sorgfalt angewandt, das allein die Annahme eines unabwendbaren Zufalls im Sinne des § 233 Abs. 1 ZPO. zu rechtfertigen vermöge.

Die an sich zulässige (§ 519b Abs. 2, § 547 Nr. 1 ZPO.), auch ordnungsmäßig eingelegte sofortige Beschwerde ist begründet.

Das Oberlandesgericht geht zunächst zutreffend davon aus, daß von einem unabwendbaren Zufall im Sinne des § 233 Abs. 1 ZPO. nur gesprochen werden kann, wenn es sich um ein Ereignis handelt, das nach den Umständen des Falles auch nicht durch die äußerste verständigerweise aufzuwendende Sorgfalt vermieden werden konnte. Ebenso zutreffend stellt das Oberlandesgericht in dieser Hinsicht nur auf das Verhalten des Rechtsanwalts Dr. G. selbst ab. Assessor H. war nicht Vertreter des Berufungsklägers im Sinne des § 232 Abs. 2 ZPO. Während dem Anwaltsassessor gemäß § 13 RRAnwO. die anwaltlichen Befugnisse des Rechtsanwalts zustehen, dem er überwiesen ist, und er infolgedessen auch als Vertreter der von diesem vertretenen Partei zu gelten hat (RAG. Bd. 20 S. 165; RGZ. Bd. 157 S. 359 [362]), kommt dem Probeassessor diese Vertretungsbefugnis nur dann zu, wenn er gemäß § 29 Abs. 1 RRAnwO. zum Vertreter des Rechtsanwalts bestellt worden ist, oder wenn dieser Rechtsanwalt ihm seine Vertretung in einem bestimmten Geschäfte gemäß § 6 daselbst überträgt. Keine dieser Voraussetzungen traf im gegebenen Fall auf den Assessor H. zu. Die Vertretung in der Berufungseinlegung konnte ihm auch nicht übertragen werden, weil diese Prozeßhandlung dem Anwaltszwang unterliegt (vgl. Noack Reichs-Rechtsanwaltsordnung Bem. 3 zu § 6; ferner Rundschreiben des Präsidenten der Reichs-Rechtsanwaltskammer Nr. 20/36 vom 25. Mai 1936 in Mitt. der Reichs-Rechtsanwaltskammer 1936 S. 69). Assessor H. war daher nur Gehilfe des Anwalts, so daß sein Verschulden von dem Berufungskläger ebensowenig zu vertreten ist wie ein Verschulden der Angestellten Sch. oder eines sonstigen Angestellten des Anwalts.

Bei der Beurteilung des Verhaltens des Rechtsanwalts Dr. G. hat indessen das Oberlandesgericht die Anforderungen an die Sorgfaltpflicht des Anwalts überspannt. Dem Anwalt kann nicht angesonnen werden, nach einem Tage der Abwesenheit die Arbeitsunterlagen seiner Angestellten daraufhin zu durchsuchen, ob sich bei ihnen eine nicht erledigte eilbedürftige Sache befindet. Er darf sich vielmehr darauf verlassen, daß er von seinem als zuverlässig bekannten Vorsteher entsprechend unterrichtet wird, wenn während seiner Abwesenheit eine Sache eingegangen ist, die fristgemäß erledigt werden muß. Im vorliegenden Falle konnte nun aber der Angestellte Ho., der den zum Heeresdienst eingezogenen Vorsteher vertrat, dem Rechtsanwalt Dr. G. keine Mitteilung davon machen, daß die Berufungsschrift noch am 4. August bei Gericht eingereicht werden mußte, da er nach seiner eidesstattlichen Versicherung nicht wußte, wann die Frist ablief. Der Vertreter des Beklagten beim Landgericht hatte nur mit dem Assessor H. verhandelt, und H. hatte weder dem Ho. eine Mitteilung über den bevorstehenden Fristablauf gemacht noch auch einen für den Rechtsanwalt Dr. G. bestimmten schriftlichen Vermerk darüber hinterlassen. Es kann nicht anerkannt werden, daß Dr. G. den Assessor H. hätte dahin anleiten müssen, daß er einen eingehenden Berufungsauftrag sofort selbst schriftlich erledigte. Wohl aber hätte Assessor H. auch ohne besondere Anleitung durch mündliche oder schriftliche Mitteilung an Ho. oder durch Hinterlassung eines für den Rechtsanwalt Dr. G. bestimmten Vermerks dafür sorgen müssen, daß die rechtzeitige Einreichung der Berufungsschrift im Auge behalten wurde, zumal da er wußte, daß er selbst am kommenden Tage nicht anwesend sein werde. Zu einer entsprechenden, gegebenenfalls fernmündlichen Benachrichtigung des Rechtsanwalts Dr. G. hätte spätestens dann Veranlassung vorgelegen, als es am Abend des 3. August 1939 nicht mehr zu der in Aussicht genommenen Begegnung mit ihm auf der Anwaltskanzlei gekommen war. Daß Rechtsanwalt Dr. G. von dem Berufungsauftrag erst verspätet Kenntnis erlangt hat, beruht hiernach auf einer Verkettung von Umständen, die er selbst bei Anwendung äußerster Sorgfalt nicht vermeiden konnte. Demnach liegt ein unabwendbarer Zufall vor, der die Wiedereinsetzung in den vorigen Stand rechtfertigt.

19. 1. Zur Beachtlichkeit des Widerspruchs gegen die Ehescheidung im Falle des § 55 Abs. 2 EheG.

2. Ergibt sich aus der Feststellung, daß die Ehe im Sinne des § 55 Abs. 1 EheG. tiefgreifend und unheilbar zerrüttet ist, ohne weiteres, daß auch auf seiten des Scheidungsbeklagten das eheliche Gefühl so weit erloschen sei, daß er Verfehlungen des Scheidungsklägers als ehezerstörend nicht mehr empfunden hätte oder nicht mehr empfinden könnte?

3. Kann aus Billigkeitsgründen der Scheidungskläger nach § 60 Abs. 3 Satz 2 oder nach § 61 Abs. 2 Satz 2 EheG. nur für schuldig erklärt werden, wenn er die Zerrüttung der Ehe allein verschuldet hat?

Ehegesetz §§ 55, 56, 60, 61.

IV. Zivilsenat. Urt. v. 6. November 1939 i. S. Ehefrau G. (Bekl.) w. Ehemann G. (Kl.). IV 297/39.

I. Landgericht Koblenz.
II. Oberlandesgericht Köln.

Die Parteien haben am 10. Mai 1916 miteinander die Ehe geschlossen, aus der zwei in den Jahren 1921 und 1923 geborene Töchter hervorgegangen sind. Seit 1924 leben die Parteien getrennt. Bereits im Jahre 1926 hatte der Kläger eine Scheidungsklage gegen die Beklagte erhoben. Diese Klage wurde durch Urteil des Landgerichts vom 1. März 1927 abgewiesen; die Berufung des Klägers wurde durch das rechtskräftig gewordene Urteil des Oberlandesgerichts vom 5. Juni 1928 zurückgewiesen. Mit der vorliegenden Klage hat der Kläger Scheidung der Ehe auf Grund des § 55 EheG. begehrt. Die Beklagte hat um Klageabweisung gebeten. Sie hat der Scheidung widersprochen, hilfsweise aber beantragt, den Kläger für schuldig zu erklären. Das Landgericht hat die Klage abgewiesen. Auf die Berufung des Klägers hat das Oberlandesgericht die Ehe der Parteien ohne den von der Beklagten beantragten Schuldausspruch geschieden. Die Revision der Beklagten hatte nur insofern Erfolg, als der Kläger für schuldig erklärt wurde.

Gründe:

... Soweit die Revision die auf Grund des § 55 EheG. ausgesprochene Scheidung der Ehe angreift, kann sie keinen Erfolg haben.

Gegen die Annahme des Berufungsgerichts, daß die Ehe der Parteien im Sinne des § 55 Abs. 1 EheG. unheilbar zerrüttet ist, bestehen keine Bedenken. Die Richtigkeit dieser Annahme wird auch von der Revision nicht in Zweifel gezogen. Ob der Kläger die Zerrüttung der Ehe ganz oder überwiegend verschuldet hat, hat das Berufungsgericht dahingestellt gelassen, weil jedenfalls die Aufrechterhaltung dieser Ehe, die ihren inneren Gehalt längst verloren habe, sittlich nicht gerechtfertigt sei. Das Berufungsgericht hat hierbei im einzelnen die Gründe untersucht, die für die Aufrechterhaltung der Ehe sprechen könnten, diese Gründe aber nicht für ausreichend gehalten, den Kläger an der ehelichen Bindung trotz der völligen Zerrüttung der Ehe festzuhalten. Es entspricht der Rechtsprechung des erkennenden Senats, daß der Widerspruch des Scheidungsbeklagten, jedenfalls sobald allgemeine Belange für die Scheidung sprechen, zur Aufrechterhaltung der Ehe nur dann führen kann, wenn besondere Gründe dies rechtfertigen (RGZ. Bd. 160 S. 147). Die Revision macht geltend, daß die Frage des Verschuldens an der Ehezerrüttung nicht hätte dahingestellt bleiben dürfen, weil bei der Prüfung der Beachtlichkeit des Widerspruchs auch das Gesamtverhalten der Ehegatten zu berücksichtigen sei und hierbei die Schwere der Verfehlungen des Scheidungsklägers eine Rolle spiele. Diese Beanstandung ist, mindestens unter den Umständen des vorliegenden Falles, nicht begründet. Auch wenn es, wie zu unterstellen ist und ersichtlich auch vom Berufungsgericht unterstellt worden ist, zutrifft, daß der Kläger durch die ihm von der Beklagten vorgeworfenen Verfehlungen die Zerrüttung der Ehe allein verschuldet hat, so braucht dies noch nicht dazu zu führen, den Widerspruch der Beklagten zu beachten. Wie der Senat wiederholt ausgesprochen hat, kann das Verschulden des Scheidungsklägers an der Zerrüttung der Ehe, auch wenn es noch so schwer ist, für sich allein die Aufrechterhaltung einer völlig zerrütteten Ehe nicht rechtfertigen (vgl. u. a. RGZ. Bd. 160 S. 18). Ohne Erfolg rügt die Revision ferner, daß das Berufungsgericht bei der Prüfung, ob die Aufrechterhaltung der Ehe sittlich gerechtfertigt sei, nur die beiden minderjährigen Töchter berücksichtigt und hierbei auch nur deren wirtschaftliche Wohlfahrt in Betracht gezogen habe. Das Vorhandensein der beiden Töchter kann nach der rechtlich nicht zu beanstandenden Ansicht des Berufungsgerichts die Aufrechterhaltung der Ehe nicht rechtfertigen. Sie haben die Schuljahre hinter sich, und es ist damit zu rechnen, daß sie in absehbarer Zeit auf eignen Füßen werden stehen können. Bis dahin bleibt ihnen der Kläger unterhaltspflichtig. Die Beklagte hat auch selbst vorgetragen, daß ihre Versuche, die Töchter dem Vater zu nähern und ihn auf diese Weise wieder zu seiner Familie zurückzuführen, an dem ablehnenden Verhalten des Klägers gescheitert seien. Die Aufrechterhaltung der Ehe würde daher an der zwischen dem Vater und den Töchtern infolge der langen Trennung nun einmal eingetretenen Entfremdung nichts ändern können. Schließlich vermißt die Revision im Berufungsurteile noch eine Prüfung nach der Richtung, ob es sittlich gerechtfertigt sei, dem Kläger durch Scheidung seiner jetzigen Ehe die Eingehung einer neuen Ehe mit L. K. zu ermöglichen, obwohl die Beziehungen zu dieser erst von verhältnismäßig kurzer Dauer seien und noch keinen Schluß darauf zuließen, daß sich die in Aussicht genommene neue Lebensgemeinschaft bewähren werde. Diesem Gesichtspunkte kann jedoch keine ausschlaggebende Bedeutung zukommen. Entscheidend ist in erster Reihe, ob es vom Standpunkte der Allgemeinheit aus einen Sinn hat, die Ehe der Parteien aufrechtzuerhalten, obwohl sie seit nunmehr 15 Jahren nur noch als eine hohle, jeden Inhalts beraubte Form fortbesteht. Wenn das Berufungsgericht dies verneint hat, so kann darin kein Rechtsirrtum gefunden werden.

Begründet ist die Revision jedoch insoweit, als sie sich gegen die Entscheidung über den von der Beklagten gestellten Schuldantrag wendet. Dieser Antrag stützt sich auf die — bereits in dem vorausgegangenen Scheidungsstreite festgestellten — ehewidrigen Beziehungen des Klägers zu K. R., die er nach der Behauptung der Beklagten noch nach Beendigung des früheren Scheidungsstreites fortgesetzt hat. Bestritten hat der Kläger lediglich, daß diese Beziehungen ehebrecherischer oder sonst „intimer" Art gewesen seien. Davon, daß diese Beziehungen jedenfalls ehewidriger Art waren, geht das Berufungsgericht in Übereinstimmung mit den im vorausgegangenen Scheidungsstreit und den vom Landgericht im gegenwärtigen Scheidungsstreit getroffenen Feststellungen offensichtlich aus. Im Anschluß an die Feststellungen des Landgerichts unterstellt es auch, daß gerade die Beziehungen des Klägers zur R. den Grund für die Zerrüttung der Ehe gelegt haben. Weiter hat der Kläger etwa seit 1934 Beziehungen zu L. K. angeknüpft, der er im Jahre 1937 ein Eheversprechen gegeben und mit der er Küsse und sonstige unter Verlobten übliche Zärtlichkeiten ausgetauscht hat. Das ergibt sich aus der Aussage der Zeugin K., die der Kläger als richtig bezeichnet hat. Daß sich der Kläger durch die jahrelang fortgesetzte Aufrechterhaltung ehewidriger Beziehungen zunächst zur R. und dann zur K. sowie durch das mit der K. während des Bestehens seiner Ehe eingegangene Verlöbnis einer schweren Verletzung der ehelichen Treupflicht schuldig gemacht hat, kann bei richtiger Würdigung des Wesens der Ehe nicht zweifelhaft sein und wird ersichtlich auch vom Berufungsgericht nicht bezweifelt. Das Berufungsgericht ist jedoch der Auffassung, daß die Beziehungen des Klägers zur R. und zur K. — soweit sie nicht wegen Ablaufs der zehnjährigen Frist des § 57 Abs. 2 EheG. überhaupt auszuscheiden seien — für die bereits 1924 eingetretene Ehezerrüttung, die zur Trennung geführt hat, so bedeutungslos gewesen seien, daß sie nicht einmal als Vertiefung der Zerrüttung in Betracht kämen. Diese Annahme ist unvereinbar mit der Unterstellung des Berufungsgerichts, daß der Kläger durch die Aufnahme der Beziehungen zur R. den Grund für die Zerrüttung der Ehe gelegt habe, entbehrt aber auch sonst jeder Grundlage. Sie wäre nur dann gerechtfertigt, wenn feststünde, daß auch auf seiten der Beklagten bereits bei Beginn der Beziehungen des Klägers zur R. und zur K. jedes eheliche Gefühl völlig zerstört war, so daß sie diese Beziehungen nicht mehr als ehezerstörend empfinden konnte. In diesem Falle wäre ihr Scheidungsrecht nach § 56 EheG. ausgeschlossen (vgl. RGZ. Bd. 160 S. 104 flg.). Für diesen Ausschluß des Scheidungsrechts, für den der Kläger beweispflichtig wäre, spricht hier aber nichts. Die Beklagte hatte ausdrücklich bestritten, daß sie die Verfehlungen des Klägers als ehezerstörend nicht empfunden habe, und geltend gemacht, daß sie vor allem mit Rücksicht auf die Kinder an der Ehe festgehalten und die Hoffnung nicht aufgegeben habe, daß der Kläger schließlich doch zu seiner Familie zurückfinden werde. Dieses Vorbringen ist ihr nicht widerlegt worden. Der Wunsch der Beklagten, trotz aller Verfehlungen des Klägers aus den von ihr angegebenen Gründen die Ehe aufrechtzuerhalten, läßt keineswegs den Schluß darauf zu, daß sie diese Verfehlungen als ehezerstörend nicht empfunden habe. Das einseitige Festhalten des Scheidungsbeklagten an der Ehe und seine Bereitschaft, die eheliche Gemeinschaft wiederherzustellen, ist zwar nach § 55 Abs. 1 EheG. bedeutungslos, weil eine unheilbare, die Aussicht auf Wiederherstellung der ehelichen Gemeinschaft ausschließende Zerrüttung der Ehe auch dann vorliegen kann, wenn die Bereitschaft zur Wiederherstellung einer rechten ehelichen Gemeinschaft nur auf der einen Seite fehlt (RGZ. Bd. 159 S. 306/307). Daraus folgt aber zugleich, daß die Feststellung, die Ehe sei im Sinne des § 55 Abs. 1 EheG. zerrüttet, noch nichts in der Richtung ergibt, daß auch auf seiten des Scheidungsbeklagten das eheliche Gefühl so weit erloschen sei, daß er Verfehlungen des Scheidungsklägers als ehezerstörend nicht mehr empfunden hätte oder nicht mehr empfinden könnte.

Es beruht nach alledem auf Rechtsirrtum, wenn das Berufungsgericht verneint, daß der Beklagten zur Zeit der Erhebung der vorliegenden Klage ein Recht, auf Scheidung wegen Verschuldens des Klägers zu klagen, zugestanden habe. An sich kommt es daher nicht mehr entscheidend darauf an, ob das Berufungsgericht es mit Recht auch abgelehnt hat, die Verfehlungen des Klägers, soweit sie nach § 57 Abs. 2 EheG. (oder auch nach § 616 ZPO.) als selbständige Scheidungsgründe nicht mehr verwertbar sind, zur Grundlage eines Schuldausspruchs nach § 61 Abs. 2 Satz 2 EheG. zu machen. Jedoch besteht Veranlassung, darauf hinzuweisen, daß auch insoweit die Stellungnahme des Berufungsgerichts durch Rechtsirrtum beeinflußt ist. Rechtlich bedenklich ist es schon, wenn das Berufungsgericht in dem hier in Rede stehenden Zusammenhange der Beklagten die Beweislast sowohl für die Richtigkeit der von ihr im Jahre 1923 bei der Besatzungsbehörde gegen den Kläger erstatteten Anzeige, als ersichtlich auch für ihre Schutzbehauptung aufbürdet, daß sie diese Anzeige auf den eignen Wunsch des Klägers erstattet habe. Rechtsirrig ist es aber in jedem Falle, wenn das Berufungsgericht Billigkeitsgründe, die einen Schuldausspruch gegen den Kläger rechtfertigen könnten, deshalb nicht als gegeben ansehen will, weil sich nicht feststellen lasse, daß der Kläger die Zerrüttung der Ehe allein verschuldet habe. Für eine solche einschränkende Auslegung des § 61 Abs. 2 Satz 2 und damit auch der entsprechenden Vorschrift des § 60 Abs. 3 Satz 2 EheG. gibt das Gesetz keinen Anhalt. Im Falle des § 60 Abs. 3 Satz 2 wird es in aller Regel so liegen, daß die Zerrüttung der Ehe auf dem Verschulden beider Ehegatten beruht. Dann kann aber auch im Falle des § 61 Abs. 2 Satz 2 die Billigkeit des Schuldausspruchs nicht schon deshalb verneint werden, weil der Scheidungskläger die Zerrüttung der Ehe nicht allein verschuldet habe. Andernfalls wäre bei einer Scheidung aus § 55 EheG. die Möglichkeit eines Schuldausspruchs nach § 61 Abf. 2 Satz 2 selbst dann ausgeschlossen, wenn der Scheidungskläger die Zerrüttung der Ehe zwar nicht ganz, aber doch überwiegend verschuldet hat. Daß dies nicht dem Sinne des Gesetzes entsprechen würde, liegt auf der Hand.

Das Berufungsurteil kann hiernach nicht aufrechterhalten werden, soweit es den von der Beklagten gegen den Kläger beantragten Schuldausspruch abgelehnt hat. Einer Zurückverweisung der Sache an das Berufungsgericht bedarf es nicht, da der Rechtsstreit auf Grund des feststehenden Sachverhalts auch insoweit zur Endentscheidung reif ist. Der Schuldausspruch wird schon allein durch die unstreitig bis in die neueste Zeit fortgesetzten ehewidrigen Beziehungen des Klägers zur K. gerechtfertigt, auf Grund deren die Beklagte Klage auf Scheidung wegen Verschuldens des Klägers noch jetzt würde erheben können, was dieser ihr nach seinem eigenen Vortrag auch nahegelegt hatte.

Der Kläger hat seinen in der Klage zunächst gestellten Schuldantrag, der als Mitschuldantrag zulässig gewesen wäre (RGZ. Bd. 160 S. 392), bereits im ersten Rechtszuge mit der Begründung wieder zurückgenommen, daß er kein Interesse an der Schuldigerklärung der Beklagten habe. Daher erübrigt sich die Erörterung, ob für eine Mitschuldigerklärung der Beklagten eine ausreichende Grundlage vorhanden wäre ...

---

20. Geht der gesetzliche Schadensersatzanspruch nach § 139 DBG. auf eine Pensionskasse über, die nach Landesgesetz dem im Dienst einer Gemeinde stehenden Beamten oder seinen Hinterbliebenen Versorgung gewährt?

VI. Zivilsenat. Urt. v. 11. November 1939 i. S. R. u. a. (Bekl.) w. Pensionskasse für Körperschaftsbeamte (Kl.). VI 81/39.

    I. Landgericht Stuttgart.
    II. Oberlandesgericht daselbst.

Am 15. September 1935 abends wurde der der R.-Brauerei in G. gehörige, von dem Beklagten R. geführte Lastkraftwagen, der als zweiter in einer Kraftwagenreihe 22 SA.-Männer von einer Übung heimbeförderte, an einem schienengleichen unbeschrankten Bahnübergange bei O. von einem Eisenbahnzuge der mitbeklagten Reichsbahn erfaßt. Die Pritsche wurde abgerissen, von den Insassen wurden 6 sofort getötet und 15 weitere verletzt, darunter der Stadtbaumeister F. aus G.; dieser ist am 21. September 1935 an der Verletzung gestorben. Die klagende Pensionskasse, deren Pflichtmitglied F. war, verlangt von den Beklagten als Gesamtschuldnern Ersatz des Sterbenachgehalts und der Witwen- und Waisenbezüge, die sie der Witwe und den beiden minderjährigen Kindern des F. gewährt hat und in Zukunft gewähren muß. Die Witwe F. hat, zugleich namens ihrer Kinder, durch schriftliche Erklärung vom 7. Oktober 1935 die Schadensersatzansprüche aus dem Unfalle gegen die R.=Brauerei und gegen die beiden Beklagten auf Grund des Art. 37 des Württ. Körperschaftspensionsgesetzes vom 14. April 1928 (RegBl. f. Württb. S. 111) an die Klägerin bis zur Höhe von deren Leistungen abgetreten. Die Klägerin stützt ihre Ersatzansprüche gegen R. auf §§ 823, 844 BGB., gegen die Reichsbahn auf §§ 1, 3 Abs. 2 und § 7 RHaftpflG. Sie hat verlangt: Verurteilung der Beklagten als Gesamtschuldner zur Zahlung von insgesamt 4879,86 RM. sowie Feststellung ihrer Verpflichtung zum Ersatze der von der Klägerin an die Hinterbliebenen F.s nach dem Württembergischen Körperschaftspensionsgesetz zu zahlenden, ziffernmäßig näher angegebenen monatlichen Witwen- und Waisenversorgung. Die Beklagten haben Klageabweisung mit der Begründung verlangt, die Hinterbliebenen hätten insoweit keinen Schaden erlitten, als ihnen gesetzliche Versorgungsansprüche zuständen; überdies seien die Versorgungsansprüche der Hinterbliebenen nach § 850g ZPO. der Pfändung nicht unterworfen und daher nach § 400 BGB. nicht abtretbar. Die Klägerin ist dem entgegengetreten und hat weiter geltend gemacht, auf alle Fälle berechtige die Abtretung sie zur Führung des Rechtsstreits über den geltend gemachten Anspruch.

Landgericht und Oberlandesgericht haben unter zeitlicher Begrenzung der erbetenen Feststellung nach dem Klageantrag erkannt. Auf Revision der Beklagten ist das Berufungsurteil vom erkennenden Senat am 1. Juni 1938 (vgl. SeuffArch. Bd. 93 S. 8) aufgehoben und die Sache an das Berufungsgericht zurückverwiesen worden. Das Berufungsgericht hat darauf durch das jetzt angefochtene Urteil die von der Klägerin erbetene Feststellung der gesamtschuldnerischen Erstattungspflicht getroffen, jedoch erst mit Wirkung vom 1. Juli 1937 ab und unter Begrenzung bis zu dem Zeitpunkte, zu dem F. vermutlich zur Ruhe gesetzt worden wäre; im übrigen hat es die Klage abgewiesen.

Die Revision der Beklagten führte zur Aufhebung dieses Urteils und zur vollen Abweisung der Klage unter gleichzeitiger Zurückweisung der Anschlußrevision der Klägerin.

Gründe:

In der Abtretungserklärung der Witwe F. vom 7. Oktober 1935 erblickt das Berufungsgericht eine der Klägerin erteilte Einziehungsermächtigung. Einen späteren Verzicht der Witwe auf ihre damaligen etwaigen Ansprüche gegen die Beklagten hält es trotz des Wortlauts der Abfindungserklärung vom 12. März 1937 nach dem Beweisergebnis nicht für dargetan. Die Klägerin habe aber, so meint es, das erforderliche Rechtsschutzinteresse für die Ausübung der Einziehungsermächtigung nicht genügend dargelegt; in Wahrheit liege ein Handeln für eigene Rechnung vor. Überdies hätten die Hinterbliebenen F. nach württembergischem Recht einen unbedingten Anspruch auf die gesetzlichen Bezüge gegen die Klägerin, der von der Ungültigkeit der im Art. 37 Württ. Körperschaftspensionsgesetzes vorgesehenen Abtretung unberührt bleibe; daher würde es nach der bisherigen Rechtsprechung an einem Schaden der Hinterbliebenen und an entsprechenden Ansprüchen, auf die sich im Oktober 1935 eine Einziehungsermächtigung hätte beziehen können, überhaupt fehlen. Der Berufungsrichter hält jedoch die Klage für die Zeit vom 1. Juli 1937 ab auf Grund der Bestimmungen des Deutschen Beamtengesetzes vom 26. Januar 1937 für gerechtfertigt; dazu führt er im wesentlichen aus: Der Reichsminister des Innern habe auf Grund des § 152 DBG. in § 6 der Durchführungsverordnung für die Kommunalbeamten vom 2. Juli 1937 (RGBl. I S. 729) übergangsweise die Weitergeltung der landesrechtlichen Vorschriften über die Versorgungskassen und deren Anpassung an das Deutsche Beamtengesetz durch die Länder angeordnet. Es frage sich, ob insoweit § 139 DBG. ausgeschaltet sei, der nach § 184 DBG. und der Durchführungsverordnung zum DBG. vom 29. Juni 1937 (RGBl. I S. 669) auch für Witwen und Waisen gelte, die vor dem 1. Juli 1937 bereits Ansprüche auf Versorgungsbezüge nach altem Recht erworben hätten. Rein verstandesmäßige Erwägungen zwängen zu diesem Ergebnis nicht; es sei durchaus denkbar, die Schadensersatzansprüche trotz Weiterbestehens der

Pensionskassen auf den von diesen verschiedenen Dienstherrn übergehen zu lassen. Innere Gründe sprächen dafür, insbesondere der unverkennbare Gedanke des Gesetzgebers, nicht nur so weit und so rasch wie möglich einheitliches Recht zu schaffen, sondern auch mit dem als ungerecht empfundenen Rechtszustand aufzuräumen, daß von Haftung frei sein solle, wer einen Beamten schädige, im Gegensatze zu dem, der einer Privatperson Schaden zufüge. Demgegenüber könne dem Wortlaute des § 139 keine maßgebliche Bedeutung beigemessen werden. Das Schwergewicht sei nicht so sehr darauf zu legen, daß kein Ereignis vorliege, das den Dienstherrn zur Gewährung von Versorgungsbezügen verpflichte, als vielmehr auf den Umstand, daß überhaupt „eine in den staatlichen Apparat eingeschaltete Stelle" für die Folgen des Ereignisses aufzukommen habe. Es wäre nicht verständlich, wenn nach dem 1. Juli 1937 der Schädiger in dem Lande mit Pensionskasse frei ausgehen sollte, in dem Lande ohne solche dagegen nicht. In Württemberg werde die Pensionskasse auch im wesentlichen von den Gemeinden gespeist; der Dienstherr erscheine in diesem Sinn also mittelbar auch als zur Gewährung von Versorgungsbezügen verpflichtet. Diese Auffassung liege ersichtlich auch den Richtlinien des Reichsministers des Innern vom 13. Januar 1938 zugrunde. § 139 DBG. sei daher anwendbar. Die 2. Durchführungsverordnung zum DBG. vom 13. Oktober 1938 (RGBl. I S. 1421) stelle zu § 139 unmißverständlich klar, daß auch Ereignisse vor dem 1. Juli 1937 einzubeziehen seien, der Bestimmung also rückwirkende Kraft zukomme. Der tatsächliche Ablauf in der Vergangenheit könne einer solchen Rückwirkung im Einzelfall entgegenstehen, wenn etwa ein Berechtigter über seine Ansprüche damals endgültig verfügt hätte; das treffe hier aber mit Rechtswirksamkeit nicht zu. Dem Übergang auf die Gemeinde G. als Dienstherrn des F. habe also nichts im Wege gestanden, soweit es sich um die Ersatzansprüche vom 1. Juli 1937 ab handele. Die Gemeinde habe diese Ansprüche gegen die Beklagten am 17. Februar 1938 wirksam übertragen; das Hindernis des § 400 BGB. habe dem nicht entgegengestanden.

Die Revision wendet sich mit Recht gegen die Auffassung des Berufungsrichters, daß § 139 DBG. auch in einem Falle wie dem vorliegenden anwendbar sei. § 139 findet seinem eindeutigen Wortlaute nach nur Anwendung auf Dienstherren, die infolge des Ereignisses, das den Schadensersatzanspruch ausgelöst hat, zur Gewährung oder Erhöhung von Versorgungsbezügen verpflichtet sind. Ein solcher Fall liegt hier nicht vor; jedenfalls ist eine solche Verpflichtung des Dienstherrn nicht festgestellt. Dienstherr des verstorbenen F. war die Gemeinde G. Versorgungsbezüge gewährt sie nicht. Diese zahlt die Klägerin, die ihrerseits nicht Dienstherrin des F. war. Ohne Zweifel war es, wovon auch der Vorderrichter ausgeht, der Wille des Gesetzgebers, möglichst bald und weitgehend einheitliches Beamtenrecht für das gesamte Reichsgebiet zu schaffen und dabei, wie das auch der Begründung zu § 139 zu entnehmen ist, die bisherige, der Billigkeit nicht entsprechende Rechtslage zu beseitigen, wonach der zum Schadensersatz verpflichtete Dritte den von ihm angerichteten Schaden zu einem Teile deshalb nicht zu ersetzen brauchte, weil der Dienstherr dem Geschädigten eine Versorgung gewähren muß. Daraus aber kann noch nicht entnommen werden, daß entgegen dem Wortlaute des § 139 DBG. allgemein, also auch bei Personenverschiedenheit des Dienstherrn und des Versorgungsverpflichteten, ein Schadensersatzanspruch in Höhe der Versorgungsbezüge entstehen und auf den die Bezüge nicht leistenden Dienstherrn übergehen soll. Wäre das die Absicht des Gesetzgebers gewesen, so wäre, wie angenommen werden muß, durch eine andere Fassung des § 139 DBG. oder wenigstens durch eine entsprechende Bestimmung in einer der Durchführungsverordnungen dieser Wille zum Ausdruck gebracht worden. Tatsächlich hat der Gesetzgeber der Pensionskassen wohl gedacht, nämlich in § 6 der Durchführungsverordnung für die Kommunalbeamten vom 2. Juli 1937. Er hat aber auch dort nicht zum Ausdruck gebracht, daß bei Gewährung der Versorgung durch eine Pensionskasse ein Anspruchsübergang auf den von ihr verschiedenen Dienstherrn einzutreten habe, vielmehr nur ausgesprochen, daß die Vorschriften über die Versorgungskassen, und zwar „übergangsweise", in Geltung bleiben. Weitere einschlägige Übergangsbestimmungen liegen bisher nicht vor; die Richtlinien des Reichsministers des Innern „für die Anpassung der Vorschriften der Versorgungskassen für die Kommunalbeamten an die Bestimmungen des Deutschen Beamtengesetzes vom 26. Januar 1937", die nach ihrem Inhalte kein neues Recht setzen wollen, enthalten solche nicht. Ist aber hiernach insoweit bisher die alte Rechtslage bestehen geblieben, so muß angenommen werden, daß — entsprechend seinem Wortlaut — auch § 139 DBG. bei Gewährung der Versorgung durch eine Pensionskasse keine Anwendung finden kann. Die bloße Tatsache, daß „eine in den staatlichen Apparat eingeschaltete Stelle" für die Folgen des Ereignisses aufzukommen hat, kann bei dieser Gesetzeslage keine Auslegung des § 139 DBG. entgegen seinem klaren und eindeutigen Wortlaute rechtfertigen. Auch die Erwägung des Vorderrichters, es wäre nicht verständlich, weshalb der Schädiger in einem Lande mit Pensionskasse frei ausgehen solle, in einem ohne solche aber nicht, kann demgegenüber nicht durchgreifen. Ein solches Ergebnis ist gewiß wenig erfreulich, erklärt sich aber aus der bisherigen Verschiedenheit der landesgesetzlichen Regelungen und muß bei der gegenwärtigen Gesetzeslage für die vorgesehene Übergangszeit in Kauf genommen werden. Andererseits aber würde die Auffassung des Berufungsgerichts dazu führen, daß der Schadensersatzbetrag im Umfange des § 139 DBG. nicht zwangsläufig, wie es offenbar neben der Absicht, die erwähnte Unbilligkeit zu beseitigen, der Zweck des § 139 ist, an denjenigen gelangen würde, der die Aufwendungen für die Versorgung bestreitet, sondern stets an den Dienstherrn, ohne daß, vom Fall einer freiwilligen Abtretung abgesehen, eine rechtliche Möglichkeit für den Versorgungsverpflichteten bestände, den Betrag für sich zu erlangen und den Dienstherrn zur Herausgabe zu zwingen. Der Umstand schließlich, daß in Württemberg im wesentlichen die Gemeinden die Pensionskasse speisen, besagt für die hier zu entscheidende Frage nichts Wesentliches.

Die Revision erweist sich schon hiernach als begründet. Eines Eingehens auf ihre weiteren Rügen bedarf es daher nicht.

Die Anschlußrevision rügt Verletzung des sachlichen Rechts, insbesondere der Grundsätze über das Erfordernis des Rechtsschutzinteresses bei einer Einziehungsermächtigung. Sie erachtet es für rechtsirrig, daß es an einem eigenen Interesse der Klägerin fehle, und meint, die Klägerin habe ein eigenes Interesse daran, daß die Witwe F. mit ihren Kindern die Entschädigungssumme von den Beklagten ausbezahlt erhalte, damit sie die Summe an die Klägerin zahlen könne. Demgegenüber ist das Berufungsgericht der Auffassung, in Wahrheit liege ein Handeln für eigene Rechnung der Klägerin vor, das nur getarnt werde und lediglich eine Umgehung des Abtretungsverbotes darstelle. Diese tatrichterliche Würdigung läßt keinen Rechtsirrtum erkennen. Sie rechtfertigt die Annahme, daß ein Rechtsschutzinteresse der Klägerin an der Einziehung der Forderung als einer fremden, der Witwe F. und ihren Kindern zustehenden, nicht gegeben ist. Im übrigen aber weist das Berufungsgericht mit Recht darauf hin, daß nach der bisherigen Rechtsprechung, die für die Zeit bis zum Inkrafttreten des Deutschen Beamtengesetzes aufrecht= zuerhalten ist, den Hinterbliebenen F. im Hinblick auf die Versorgung ein Schaden in deren Höhe überhaupt nicht erwachsen sei und insoweit Schadensersatzansprüche überhaupt nicht zugestanden hätten, so daß sie eine Einziehungsermächtigung insoweit auch nicht hätten erteilen können. Damit erledigt sich auch die Erwägung der Anschlußrevision, zum mindesten sei mit der Möglichkeit zu rechnen, daß die Witwe F. nach dem Sinn des württembergischen Rechts verpflichtet sei, das, was sie an Entschädigung erhalte, bis zur Höhe der Hinterbliebenen= bezüge an die Klägerin herauszugeben.

Die Anschlußrevision kann hiernach keinen Erfolg haben und muß zurückgewiesen werden.

Auf die Revision muß dagegen das angefochtene Urteil auf= gehoben werden. Einer Zurückverweisung an das Berufungsgericht bedarf es nicht, da nach dem festgestellten Sachverhältnis die Sache zur Endentscheidung reif ist und der Senat daher nach § 565 Abs. 3 Nr. 1 ZPO. in der Sache selbst zu entscheiden hat. Eine Haftung der Beklagten gegenüber der Klägerin auf Grund reichsgesetzlicher Bestimmungen ist, wie die Erörterungen des früheren Revisions= urteils und die vorstehenden Darlegungen zeigen, nicht gegeben. Landesgesetzliche Bestimmungen aber, aus denen sich eine solche Haftung ergeben könnte, führen die Berufungsurteile, abgesehen von dem bereits im ersten Revisionsverfahren erörterten Art. 37 Württ. Körperschaftspensionsgesetzes, nicht an; vielmehr erwähnt das angefochtene Urteil die Möglichkeit einer Haftung auf Grund landes= gesetzlicher Vorschriften nicht mehr. Es muß daher davon ausgegangen werden, daß eine solche Haftung nicht in Frage kommt, und es kann deshalb unerörtert bleiben, inwieweit das Landesrecht bei der gegen= wärtigen Lage der Reichsgesetzgebung zum Erlaß eigener Bestim= mungen berechtigt wäre, die eine Haftung, wie die von der Klägerin geltend gemachte, begründen könnten. Danach mangelt es dem Klage= verlangen an einer rechtlichen Grundlage. Die Klage muß daher in vollem Umfang abgewiesen werden.

Dem Antrage der Klägerin, die Entscheidung im Hinblick darauf auszusetzen, daß ein die Rechte der Pensionskassen regelnder Gesetz= entwurf in Württemberg vorliege, konnte nicht entsprochen werden.

Für eine derartige Anordnung bestand weder Anlaß noch eine gesetzliche Möglichkeit; die Voraussetzungen des Art. 3 Nr. 2 der Verordnung über Maßnahmen auf dem Gebiete des bürgerlichen Streitverfahrens usw. vom 1. September 1939 (RGBl. I S. 1656) liegen, wie der Senat bereits im Beschlusse vom 25. Oktober 1939 ausgesprochen hat, nicht vor.

---

21. 1. Sind Vereinbarungen, welche von den für einen Industriezweig verbandsmäßig zusammengeschlossenen Herstellern mit den ebenfalls verbandsmäßig zusammengeschlossenen Abnehmern des Groß= und Einzelhandels zur allgemeinen Regelung des Absatzes, insbesondere zur einheitlichen Festsetzung der Handelsspannen, getroffen werden, Kartellabreden im Sinne des § 1 KartVO.?

2. Zur Schriftform solcher Kartellabreden.

Kartellverordnung vom 2. November 1923 (RGBl. I S. 1067, 1090) — KartVO. — § 1.

II. Zivilsenat. Urt. v. 15. November 1939 i. S. R. e. G. m. b. H. (Kl.) w. M. AG. (Bekl.). II 68/39.

I. Landgericht Berlin.
II. Kammergericht daselbst.

Die Klägerin ist die Dachorganisation von Einkaufsgenossenschaften der deutschen Zigarrenladeninhaber. Sie vertritt die geschäftlichen Belange der ihr angeschlossenen Genossenschaften. Neben ihr besteht noch der Verband der Einkaufsgenossenschaften der Zigarrenladeninhaber Deutschlands e. V., der die Genossenschaften wirtschaftspolitisch vertritt. Mitglieder der Klägerin können nur Genossenschaften werden, die gleichzeitig dem Verbande der Einkaufsgenossenschaften angehören. Unabhängig hiervon sind die Großhändler des Tabakgewerbes in dem Zentralverbande Deutscher Großhändler der Tabakbranche e. V. (kurz: ZGT.) und der Einzelhandel mit Tabakwaren in dem Reichsverbande des deutschen Einzelhandels mit Tabakwaren e. V. (kurz: RET.) zusammengeschlossen. Dem RET. gehören zum großen Teile Zigarrenladeninhaber an, die zugleich Genossen bei den der Klägerin angeschlossenen Einkaufsgenossenschaften sind.

Die Belange der Zigarettenindustrie waren früher (1930) in der Umsatzverrechnungsstelle der deutschen Zigarettenindustrie zusammengefaßt. Zwischen dieser und den beiden oben genannten Verbänden der Einkaufsgenossenschaften sind am 27. März/22. Mai 1930 marktregelnde Vereinbarungen über Preisschutz und die Belieferung der Genossenschaften getroffen worden. In diesen Vereinbarungen wurde jenen Verbänden unter anderem die Werbung zum Eintritt in die Genossenschaften und zur Bildung neuer Genossenschaften untersagt. Ferner wurden den Genossenschaften bei der sogenannten Warenrückvergütung, d. h. der Verteilung eines Gewinnes nach dem Umfange des Warenbezuges, insofern Beschränkungen auferlegt, als sie diese Gewinne frühestens am Schlusse eines Vierteljahres ausschütten durften. Andererseits sagte die Umsatzverrechnungsstelle der Klägerin als der geschäftlichen Zusammenfassung der Einkaufsgenossenschaften außer dem Großhandelsnachlaß von $2^1/_2$ v. H. noch eine ihr von den angeschlossenen Zigarettenfabriken zu gewährende sogenannte Delkredere-Provision von $^1/_2$ v. H. zu. Die Parteien sind uneinig darüber, ob diese Delkredere-Provision eine Vergütung für eine von der Klägerin tatsächlich übernommene Haftung sein sollte, wie die Beklagte behauptet hat, oder nur oder doch im wesentlichen eine Gegenleistung für die sonst übernommenen Verpflichtungen, wie die Klägerin vorgetragen hat. Dieser Vertrag war nur für die Dauer der Zuteilung (Kontingentierung) geschlossen worden. Er endete daher mit dieser am 31. März 1932. Gleichzeitig wurde die Umsatzverrechnungsstelle der deutschen Zigarettenindustrie, der auch die Beklagte angehört hatte, aufgelöst.

Zur Beseitigung des vertragslosen Zustandes schloß die Klägerin Einzelverträge mit verschiedenen Zigarettenfabriken und mit der neu gebildeten Umsatzverrechnungsstelle der verbandsfreien Zigarettenindustrie G. m. b. H. in Dresden. Im Jahre 1934 machten sich wieder Bestrebungen nach einem engeren Zusammenschlusse der Zigarettenfabriken und nach einer einheitlichen Regelung ihrer Beziehungen zum Groß- und Kleinhandel geltend. Die Anordnung eines Zwangskartells für die Zigarettenfabriken wurde betrieben. Der Reichswirtschaftsminister forderte als Voraussetzung für eine solche Anordnung das Zustandekommen marktregelnder Vereinbarungen zwischen Industrie und Handel. Deshalb gründete die Industrie die Wirtschaftliche Vereinigung der Zigarettenindustrie (kurz: WBZ.); deren Vorsitzender wurde der Geheime Kommerzienrat Z. Die Umsatzverrechnungsstelle wurde eine unselbständige Einrichtung der WBZ. Am 16. März 1934 fanden Verhandlungen zwischen der WBZ. als der Vertreterin der Industrie und den beiden Hauptvertretern des Handels, dem ZGT. und dem RET., statt. Der RET. war hierbei vertreten durch seinen Vorsitzenden Sch., der zugleich Aufsichtsratsvorsitzender der Klägerin und Vorstandsmitglied einer der Klägerin angeschlossenen Genossenschaft war und bei den Verhandlungen zugleich auch für die Belange der Einkaufsgenossenschaften eintrat. Die beiden Verbände der Einkaufsgenossenschaften, die weder dem ZGT. noch dem RET. angehörten, waren zu den Verhandlungen nicht besonders zugezogen worden. Die Verhandlungen zwischen Industrie und Handel führten zu mehreren Beschlüssen vom 16. März 1934. Darin wurden unter Nr. 10 die Einzelhandelsfachgenossenschaften behandelt und ihnen in Anknüpfung an die Vereinbarung mit der Klägerin aus dem Jahre 1930 gewisse Beschränkungen auferlegt. Unter Überreichung einer Niederschrift über die Beschlüsse vom 16. März 1934 beantragte dann die WBZ. bei dem Reichswirtschaftsminister die Errichtung des Zwangskartells. Außerdem gab sie das Ergebnis der Einigung zwischen Industrie und Handel den Mitgliedern der beteiligten Organisationen in zwei Rundschreiben vom 31. März 1934 bekannt.

Da insbesondere der Großhandel gegen die Regelung einzelner Punkte Bedenken erhob, fand am 10. April 1934 eine neue Verhandlung zwischen den gleichen Verbänden wie am 16. März 1934 statt. Diese Besprechung betraf nach der Behauptung der Klägerin in der Hauptsache die Frage, ob die Einkaufsgenossenschaften die Bezugspreisnachlässe schon nach einem Monat oder erst nach drei Monaten ausschütten dürften. In den Beschlüssen vom 16. März 1934 war ihnen in dieser Beziehung keine Beschränkung auferlegt worden; der Großhandel verlangte aber eine solche entsprechend der früheren Regelung von 1930. Sch. widersetzte sich dem zu Gunsten der Einkaufsgenossenschaften. In einer Sitzungspause hatte Sch. eine Unterredung mit dem Vorsitzenden der WBZ., Geheimrat Z. Dieser sagte ihm vertraulich zu, daß er sich für die Wiederbewilligung von $1/2$ v. H. Delkredere-Provision an die Klägerin einsetzen werde. Sch. ließ darauf seinen Widerstand fallen. In der darauf fortgesetzten Verhandlung wurde aber nur bekannt gegeben, daß die Genossenschaften vierteljährlich ausschütten würden. Am folgenden Tage faßte der Arbeitsausschuß der WVZ. auf Veranlassung von Z. einen der geheimen Vereinbarung entsprechenden Beschluß. Die Klägerin erhielt hierauf bis zum 30. September 1935 von den der WVZ. angeschlossenen Zigarettenfabriken, zu denen auch die Beklagte gehörte, die Delkredere-Provision ausgezahlt. Das Zwangskartell der Zigarettenfabriken, das mit dem 19. April 1934 ins Leben getreten war, wurde als solches zum 31. März 1935 wieder beseitigt; die WVZ. blieb aber als Zusammenschluß der Zigarettenfabriken bestehen.

Mit einem Schreiben vom 17. Juli 1935 wurde der ZGT. bei der WVZ. wegen der „Verkaufsmethoden der Genossenschaften" vorstellig, die angeblich die Lebensfähigkeit des Großhandels stark bedrohten. Er beschwerte sich insbesondere darüber, daß die Genossenschaften ihre Umsätze (Preisnachlässe) über eine gemeinsame Verrechnungsstelle (die Klägerin) verrechneten und sich dadurch gegenüber den Großhandelsfirmen im Vorteile befänden, die jede allein für die Erreichung der Umsätze besorgt sein müßten, sowie daß die Genossenschaften durch die Verteilung der sogenannten Delkredere-Provision im allgemeinen besser gestellt seien als der gesamte Großhandel. Mit Rücksicht hierauf verlangte er die Zubilligung der gleichen Vorteile für den Großhandel. Die WVZ. übersandte daraufhin der Klägerin mit einem Briefe vom 25. Juli 1935 eine Abschrift des Schreibens des ZGT. mit dem Bemerken, daß sie dessen Vorhaltungen als berechtigt anerkenne und daß deshalb zur Erreichung einer gleichmäßigen Behandlung aller Abnehmerkreise die mit der Klägerin getroffenen „Sondervereinbarungen" durch den Bevollmächtigten der Zigarettenfabriken gekündigt werden würden. Mit einem weiteren Schreiben vom gleichen Tage kündigte ferner der Bevollmächtigte der in der Umsatzverrechnungsstelle der Zigarettenindustrie zusammengeschlossenen Zigarettenfabriken die mit der Klägerin getroffenen Vereinbarungen zum 30. September 1935. Er erklärte hierbei unter Verzicht auf die Delkredere-Haftung der Klägerin, daß die Zigarettenfabriken vom 1. Oktober 1935 ab keine Delkredere-Provision mehr zahlen und auch die Umsätze der Klägerin nicht mehr zusammenzählen würden. Zur Begründung der Kündigung fügte er lediglich hinzu: Nur so werde erreicht, daß keine Abnehmergruppe der Zigarettenfabriken schlechter gestellt sei als eine andere.

Die Klägerin hält diese Kündigung, der sie auch alsbald widersprochen hat, für unwirksam. Zunächst hatte sie deshalb gegen zwei andere Zigarettenfabriken in Rechtsstreitigkeiten, die je in zwei Rechtsgängen durchgeführt worden sind, auf Zahlung der Delkredere-Provision seit dem 1. Oktober 1935 geklagt. Sie hatte dort in erster Reihe geltend gemacht, daß sie an den Vereinbarungen des Jahres 1934 überhaupt nicht als Vertragspartei beteiligt sei und daß es sich lediglich um einen zu ihren Gunsten geschlossenen Vertrag zwischen dem RET. (vertreten durch Sch.) und der WBZ. handele, dessen Kündigung nur dem RET. gegenüber habe erfolgen können. Obwohl sie hilfsweise auch das Zustandekommen eines unmittelbaren Vertrages zwischen ihr und der WBZ. geltend gemacht hatte, ist sie in beiden Verfahren, und zwar in allen Rechtszügen, unterlegen.

In dem vorliegenden Rechtsstreit ist die Klägerin davon ausgegangen, daß ein unmittelbares Abkommen zwischen ihr und den in der WBZ. zusammengeschlossenen Zigarettenfabriken bestanden habe. Sie hält die Kündigung aber aus folgenden Gründen für unwirksam:

1. Das mit ihr im Jahre 1934 geschlossene Abkommen stehe in einem untrennbaren rechtlichen, mindestens aber wirtschaftlichen Zusammenhange mit dem gesamten damals zustande gekommenen Vertragswerke. Dieses enthalte insbesondere auch Bindungen der verschiedenen Verbänden des Handels untereinander. Deshalb sei eine Kündigung allein gegenüber ihr, der Klägerin, unter Aufrechterhaltung der Vereinbarungen mit dem ZGT. und dem RET. ausgeschlossen.

2. Die Kündigung habe, weil sie eine Veränderung der vereinbarten Preise und Handelsspannen zum Nachteile der Abnehmer, insbesondere den Wegfall der Delkredere-Provision, zur Folge haben würde, nach der Verordnung über Preisbindungen und gegen Verteuerung der Bedarfsdeckung vom 11. Dezember 1934 (RGBl. I S. 1248) nicht ohne Einwilligung des Preiskommissars vorgenommen werden dürfen.

3. Eine etwaige Sonderabmachung mit ihr, der Klägerin, über die Sondervergütung von $^1/_2$ v. H. sei als für die Dauer der Preisschutzvereinbarungen im Zigarrenhandel geschlossen anzusehen. Diese hätten aber frühestens am 31. März 1937 ihr Ende gefunden. Auch eine fristlose Kündigung im Sinne des § 8 KartVO. liege nicht vor,

da nicht zum Ausdruck gebracht sei, daß der Vertrag vorzeitig aus wichtigem Grunde aufgelöst werden solle.

Demgemäß hat die Klägerin die ihr nach den Umsatzzahlen bei der Beklagten angeblich zustehende Delkredere=Provision für die Zeit vom 1. Oktober 1935 bis zum 31. März 1937 in Höhe von 6371,91 RM. nebst Zinsen eingeklagt. Die Beklagte vertritt den Standpunkt, daß die Kündigung zulässig gewesen und wirksam sei.

Landgericht und Kammergericht haben die Klage abgewiesen. Die Revision der Klägerin führte zur Aufhebung und zur Zurückverweisung.

Aus den Gründen:

I. Das Berufungsgericht stellt zunächst auf Grund des Briefwechsels und der Beweisaufnahme fest, daß Industrie und Handel sich bereits in der Verhandlung vom 16. März 1934 dahin einig geworden seien, der Klägerin (und den ihr angeschlossenen Einkaufsgenossenschaften) im wesentlichen die gleiche Stellung zur Industrie zu gewähren, wie sie früher auf Grund der Abkommen vom 27. März und 22. Mai 1930 bestanden habe. Wenn sich die Klägerin mit der Regelung vom 16. März 1934 einverstanden erklärt habe und mit der Industrie auch noch dahin einig geworden sei, daß die Delkredere=Provision von $^1/_2$ v. H. dem alten Abkommen entsprechend gezahlt werden solle, so sei zwischen der Klägerin und der Industrie der Vertragszustand von 1930 im wesentlichen wiederhergestellt worden, wenn auch mit den als Ergänzung bezeichneten Beschlüssen vom 16. März 1934 Nr. 10 und vom 11. April 1934. Das Berufungsgericht nimmt sodann zu dem Grunde Stellung, aus dem die Klägerin in erster Reihe die Unwirksamkeit der Kündigung hergeleitet hat, nämlich dazu, ob die Vereinbarung zwischen der Klägerin und den in der WBZ. zusammengeschlossenen Fabriken eine untrennbare Einheit mit der Preisregelung bildet, die zwischen der Industrie und den beiden Verbänden des Handels getroffen worden ist. Dies verneint es mit einer Begründung, die das Vorbringen der Klägerin nicht erschöpfend würdigt (wird näher ausgeführt). Besondere Bedenken bestehen gegen das rechtsgültige Zustandekommen einer solchen Vereinbarung zwischen den vier Verbänden, wie sie die Klägerin ihrem Anspruch zugrunde legt. Zu diesen Bedenken brauchte freilich das Berufungsgericht von seinem Standpunkt aus in diesem Zusammenhange nicht näher Stellung zu nehmen, da es das Vorliegen eines vierseitigen Vertrages schon aus den oben behandelten, aber rechtlich nicht haltbaren tatsächlichen Erwägungen verneint hat.

Das Berufungsgericht nimmt bereits von seiner Auffassung her, daß die WBZ. namens der in ihr zusammengeschlossenen Zigarettenfabriken alleinige Vertragsgegnerin der Klägerin gewesen sei, an, die im Jahre 1934 zwischen diesen beiden Verbänden getroffenen Vereinbarungen seien Kartellabreden im Sinne des § 1 KartVO. gewesen und hätten deshalb der Schriftform bedurft; es hält die Schriftform insofern für gewahrt. Ob dies zutrifft, wird erst unten erörtert werden. Die gleiche Frage taucht aber auch für den Fall auf, daß man eine vierseitige Vereinbarung zwischen den vier Verbänden als gewollt ansieht; sie ist für diesen Fall sogar einer völlig selbständigen Prüfung zu unterziehen.

Bisher ist nicht aufgeklärt, ob die vier Verbände, die an dem angeblichen Vertragswerke vom 16. März und 10. April 1934 als Vertragsparteien beteiligt gewesen sein sollen, selbst schon das Wesen von Kartellen gehabt haben oder inwieweit sie nur einen gewöhnlichen Zusammenschluß zur Wahrnehmung gemeinsamer Belange darstellen. Wenn dies auch, soweit sich bisher übersehen läßt, nicht rechtserheblich für die Beurteilung der Frage ist, ob die hier in Rede stehenden Vereinbarungen Kartellabreden gewesen sind, so ergibt sich doch nur aus den Satzungen und Gesellschaftsverträgen dieser Verbände, ob und inwieweit sie befugt gewesen sind, die hinter ihnen stehenden Unternehmungen unmittelbar zu verpflichten, insbesondere kartellmäßige Bindungen für sie einzugehen. Das Berufungsgericht wird deshalb zunächst die Vorlegung der diesbezüglichen Urkunden verlangen müssen. Nach den bisher vorliegenden Unterlagen scheint die WBZ. ein kartellmäßiger Zusammenschluß der — zum mindesten der bedeutendsten — Zigarettenfabriken Deutschlands in Form einer Gesellschaft bürgerlichen Rechts gewesen zu sein, und zwar auch vor und nach der Zeit, wo sie auf Grund der Anordnung des Reichswirtschaftsministers vom 19. April 1934 ein Zwangskartell gewesen ist, also auch vor dem 19. April 1934 und seit dem 1. April 1935. Bezüglich des ZGT. und des RET., die rechtsfähige Vereine gewesen sind, fehlt jeder Anhalt in dieser Hinsicht; das gleiche gilt auch für die Klägerin, die als eingetragene Genossenschaft ebenfalls Kartellzwecken dienstbar gemacht worden sein kann (vgl. RG. in JW. 1936 S. 2644 Nr. 9).

Nach § 1 KartVO. können Kartellbindungen auf „Verträgen" oder „Beschlüssen" beruhen. Es fällt auf, daß die Ergebnisse der Verhandlungen vom 16. März und 10. April 1934 vielfach als „Beschlüsse" bezeichnet werden. Wenn es sich wirklich um „Beschlüsse" gehandelt haben sollte, die ein mit Verbandsgewalt ausgestattetes Kartell faßt, durch die es also die ihm angehörigen Unternehmungen unmittelbar verpflichten kann, so wären an die Schriftform andere Anforderungen zu stellen, als wenn erst der Gesellschaftsvertrag geschlossen wird, der die kartellmäßige Bindung begründet. Denn im ersten Falle würde es genügen, daß, sofern nur der Mitgliederkreis durch schriftliche Beitrittserklärungen festgelegt ist, der Beschluß in Schriftform gefaßt wird, ohne daß er — sofern er sich überhaupt nur im Rahmen der Verbandsgewalt hält — der besonderen schriftlichen Zustimmungserklärung aller Mitglieder bedürfte. Im anderen Falle dagegen bedarf es der schriftlichen Zustimmungserklärung aller Beteiligten zu der jeweiligen Vereinbarung. Nach dem bisher erkennbaren Sachverhalt ist anzunehmen, daß die drei oder vier Verbände, die an den Verhandlungen vom 16. März und 10. April 1934 beteiligt gewesen sind, erst in diesen Verhandlungen sich zusammengeschlossen haben, daß sie also nicht nur die Glieder eines bereits bestehenden, sie miteinander verbindenden Kartells gewesen sind, dessen Organ Beschlüsse fassen könnte. Dies gilt auch für die Verhandlung vom 10. April 1934, gleichviel ob es sich hier um eine Ergänzung und Abänderung der am 16. März 1934 getroffenen Vereinbarung gehandelt hat, wie die Klägerin behauptet hat, oder nur um eine Ausführung und Auslegung dieser Vereinbarung, wie die Beklagte behauptet hat. Jedenfalls war auch, soweit wenigstens bisher ersichtlich ist, die WWZ. nicht befugt, durch ihren einseitigen „Beschluß" vom 11. April 1934 die Klägerin und die ihr angehörigen Einkaufsgenossenschaften unmittelbar zu verpflichten, stand es ihr auch nicht zu, durch ihren Beschluß der Klägerin ein unmittelbares Recht auf die Delkredere=Provision, die ja nur einen unselbständigen Bestandteil der beiderseitigen Bindungen bildete, einzuräumen. Daher wird vorläufig davon ausgegangen werden können, daß beide Verhandlungen die Gestaltung von erst abzuschließenden Verträgen zum Gegenstande hatten.

Nach dem bisher erkennbaren Sachverhalt ist auch unbedenklich anzunehmen, daß diese Abreden vom 16. März und 10. April 1934 jedenfalls dann, wenn sie die drei oder vier beteiligten Verbände gegenseitig binden sollten, als Kartellabreden im Sinne des § 1 KartVO. anzusehen sind. Seinem Inhalte nach enthält das in Rede stehende etwaige Vertragswerk Verpflichtungen über die Handhabung der Erzeugung und des Absatzes, die Anwendung von Geschäfts= bedingungen und die Art der Preisfestsetzung. Seinem Zwecke nach ist es offenbar darauf gerichtet und auch geeignet, den Markt auf dem Gebiete des Zigarettenhandels zu beeinflussen (vgl. hierzu RGZ. Bd. 128 S. 1 [11]; JW. 1934 S. 2403 Nr. 7, 1936 S. 2546 [2548] Nr. 18). Zweifelhaft könnte höchstens sein, ob auch dem Erfordernis einer körperschaftsrechtlichen Gestaltung und Zusammenfassung der Beteiligten (vgl. RGZ. Bd. 133 S. 330 [333]; JW. 1934 S. 2403 Nr. 7) genügt ist. Denn der etwaige Vertrag ist nicht geschlossen zwischen Unternehmern der gleichen Wirtschafts= und Absatzstufe zur waagerechten Preisbindung, sondern zwischen Unternehmern, die auf drei verschiedenen Absatzstufen stehen: Erzeugern, Großhandel und Einzelhandel, also in senkrechter Richtung. Solche Preisbindungen in senkrechter Richtung werden in der bisherigen Rechtsprechung dann jedenfalls nicht als kartellmäßig angesehen, wenn sie auf Einzel= verträgen beruhen, die der einzelne Unternehmer, sei es der Erzeuger oder der Großhändler, mit seinen jeweiligen Abnehmern schließt; man spricht insofern von einer autonomen Preisbindung der zweiten Hand (vgl. RGZ. Bd. 133 S. 51 und S. 330; vgl. hierzu auch Klinger in KartRdsch. 1939 S. 459flg.). Derartigen Preisbindungsvereinba= rungen fehlt in der Tat, selbst wenn sie auf eine Marktbeeinflussung abzielen sollten, die gesellschaftliche Wesensart; es handelt sich vielmehr um reine Gegenseitigkeitsverträge der Einzelunternehmer. Zweifel= hafter ist bereits die Frage, ob ein Reverssystem, das kollektiv durch= geführt wird, d. h. bei dem die Abnehmer die Reversverpflichtung gegenüber dem Kartellverbande der vorgelagerten Wirtschaftsstufe ein= gehen, das Wesen eines Kartells im Sinne des § 1 KartVO. hat. Das Kartellgericht sieht hierin eine „kartellähnliche Abmachung", durch die ein „gesellschaftsähnliches" Vertragsverhältnis begründet wird (vgl. Müllensiefen=Dörinkel Kartellrecht 3. Aufl. V 12; Klinger a. a. O. S. 467flg.). Das Reichsgericht hat hierzu bisher noch nicht Stellung genommen, braucht es auch im vorliegenden Falle nicht zu tun, da es sich hier um eine dritte Form der Preisbindung zweiter Hand handelt, nämlich um einen zusammenfassenden (kollektiven) Gegenseitigkeitsvertrag, den die verbandsmäßig zusammengeschlossenen

Hersteller mit den ebenfalls verbandsmäßig zusammengeschlossenen Abnehmern schließen. Verträge dieser Art als Kartellverträge im Sinne des § 1 KartVO. anzusehen, unterliegt keinen Bedenken. Hierbei kann es dahingestellt bleiben, ob und inwieweit die einzelnen Verbände, die den Vertrag zur Förderung ihrer Mitglieder schließen, selbst Kartelle sind oder nur einen gewöhnlichen Zusammenschluß zur Wahrnehmung gemeinsamer Belange darstellen. Die Verträge dieser Art dienen jedenfalls dem gemeinschaftlichen Zwecke, den Absatz allgemein zu regeln und dadurch den Markt zu beeinflussen. Sie haben insofern gesellschaftliche oder doch zum mindesten gesellschaftsähnliche Wesensart. Sie unterliegen insbesondere auch der Gefahr, daß wirtschaftliche Machtstellungen gegenüber dritten, am Vertrage nicht unmittelbar beteiligten Personen mißbraucht werden, einer Gefahr, die Veranlassung zum Erlaß der Kartellverordnung gegeben hat (vgl. hierzu Müllensiefen-Dörinkel a.a.O. II 6 und V 13 nebst den dort angeführten Entscheidungen des Kartellgerichts; wegen des Zweckes der Kartellverordnung vgl. auch RGZ. Bd. 128 S. 11 flg.).

Hiernach bedurfte nach dem bisherigen Sachverhalt das Vertragswerk vom 16. März 1934 nebst seiner etwaigen Ergänzung vom 10. April 1934 gemäß § 1 KartVO. der schriftlichen Form. Diesem Erfordernis ist nach ständiger Rechtsprechung sowohl des Reichsgerichts als auch des Kartellgerichts nicht nur dann genügt, wenn die Voraussetzungen des § 126 BGB. erfüllt sind, sondern schon dann, wenn nur die Kartellabmachungen derart schriftlich niedergelegt sind, daß eine Nachprüfung sowohl auf den Inhalt wie auf die Personen der Teilnehmer ermöglicht ist (vgl. RGZ. Bd. 128 S. 1 [7], Bd. 151 S. 139 [150]; RG. in JW. 1938 S. 3229 Nr. 9; vgl. auch Müllensiefen-Dörinkel a.a.O. V 13 nebst den dort angeführten Entscheidungen des Kartellgerichts). Das Ergebnis der Ausschußsitzung vom 16. März 1934, an der unstreitig für die Industrie die WBZ., für den Großhandel der ZGT. und für den Einzelhandel der RET. beteiligt waren, ist jedenfalls, wie die der Klageschrift beigefügte Abschrift der damals gefaßten „Beschlüsse" erkennen läßt, schriftlich niedergelegt worden. Die an dieser Sitzung beteiligten Personen (Verbände) sind aus der Abschrift nicht ohne weiteres erkennbar; es kann aber unterstellt werden, daß sie ihrer Zustimmung in irgendeiner Weise schriftlich Ausdruck verliehen haben. Anders liegt es jedoch bei der Klägerin als Dachorganisation der Einkaufsgenossenschaften. Die Klägerin war, wie zwischen den Parteien unstreitig ist, zu den Verhandlungen nicht besonders hinzugezogen worden, wenn auch ihre Belange durch Sch., den Vorsitzenden des RET., der zugleich Aufsichtsratsvorsitzender der Klägerin war, mit wahrgenommen wurden. Als Vertragspartei tritt sie also, soweit bisher ersichtlich ist, nicht in Erscheinung. In den beurkundeten Beschlüssen werden allerdings unter Nr. 10 den Einzelhandelsfachgenossenschaften gewisse Verpflichtungen auferlegt. Aber auch die Einzelhandelsfachgenossenschaften waren bei den Verhandlungen nicht vertreten. Wenn sie auch dem Großhandel zuzurechnen sind, so konnten sie doch durch den ZGT. nicht verpflichtet werden, da sie diesem nicht angehörten, sondern sogar, wie insbesondere auch die spätere Entwicklung zeigt, in einem gewissen Gegensatze zu ihm standen. Auch der RET. konnte ihre Belange nicht als ihr Vertreter, sondern nur insoweit wahrnehmen, als ein großer Teil der Genossen der Einkaufsgenossenschaften zugleich auch ihm angehörte. Der Umstand, daß an der Verhandlung vom 16. März 1934 weder die Klägerin noch auch nur die ihr angehörigen Einkaufsgenossenschaften als Vertragspartei unmittelbar beteiligt waren, hat auch zur Folge gehabt, daß die Klägerin in den Vorprozessen den Standpunkt vertreten hat, es liege insofern ein Vertrag zu ihren Gunsten als Vertrag zu Gunsten Dritter vor; aber von einem solchen kann in der Tat keine Rede sein, da er den Einkaufsgenossenschaften ja zugleich auch, sogar vornehmlich, Verpflichtungen auferlegt. Selbst wenn also, wie die Klägerin jetzt geltend macht, die Beteiligten die Absicht verfolgt haben sollten, auch die Klägerin selbst unmittelbar als Vertragspartei zu beteiligen und sie sogar nicht nur zur WBZ., sondern auch zum ZGT. und zum RET. in vertragliche Beziehungen zu bringen, so kommt doch diese Beteiligung der Klägerin in der nur abschriftlich ohne jegliche Unterschriften vorliegenden Niederschrift in' keiner Weise zum Ausdruck, ist also insofern dem Erfordernis der Schriftform nicht genügt. Nicht anders liegt es bei der Verhandlung vom 10. April 1934, die, gleichviel ob sie der Abänderung oder nur der Auslegung und Ausführung des Abkommens vom 16. März 1934 gedient hat, jedenfalls keine neue Vertragspartei eingeführt zu haben scheint. Das Ergebnis dieser Verhandlung, auf das die Klägerin ihren gegenwärtigen Klageanspruch stützt, ist auch nicht einmal im Verlaufe der Sitzung schriftlich niedergelegt worden; es hat vielmehr nur am

folgenden Tage zu einem genehmigenden Beschluß des Arbeits=
ausschusses der WBZ., also innerhalb des Industrieverbandes, geführt,
der dann allerdings schriftlich festgehalten worden ist. Dieser Mangel
der Schriftform, an dem die etwa mit der Klägerin damals getroffenen
Abmachungen allem Anscheine nach gelitten haben, hat wohl auch zur
Folge gehabt, daß die Klägerin mit Schreiben vom 29. Mai 1935
erst um eine Abschrift der mit ihr getroffenen Abreden (um „eine
Abschrift, welche eine Abänderung unseres Vertrages darstellen
soll") bat und mit Schreiben vom 8. und 13. Juni 1935 daran er=
innerte. Besonders in dem letzten Schreiben rügte die Klägerin,
daß ihr trotz des von Z. persönlich gegebenen Versprechens „bis
heute die angeblichen Vertragsänderungen, die mit den Handels=
verbänden uns (die Klägerin) betreffend abgeschlossen sein sollen,
noch nicht bekanntgegeben" worden seien. Z. antwortete auf die
Mahnung vom 8. Juni 1935 mit einem Schreiben vom 12. Juni
1935, daß seines Wissens der Vertrag vom 27. März und 22. Mai
1930 unverändert fortbestehe. Erst mit Schreiben vom 17. Juni
1935 teilte die WBZ. der Klägerin eine Abschrift der Nr. 10 der
Beschlüsse vom 16. März 1934 und des Beschlusses vom 11. April
1934 mit, allerdings mit dem Bemerken, daß Sch. vom Beschluß
vom 11. April 1934 sofort Mitteilung erhalten und daraufhin auch
die genaue Liste der Genossenschaften übersandt habe. Diese Mit=
teilung ist aber bisher nicht vorgelegt worden. Jedenfalls enthält
das Schreiben der WBZ. an die Klägerin vom 14. April 1934, auf
das sich die Klägerin in dieser Hinsicht bezieht, lediglich die Auf=
forderung zur Übersendung des Verzeichnisses der der Klägerin an=
geschlossenen Genossenschaften. Bereits in der Zeit vom September
bis November 1934 hatte sich die Klägerin mehrfach vergeblich um
Klarstellung ihrer vertraglichen Beziehungen gegenüber der WBZ.
bemüht. Selbst in ihrem Schreiben vom 2. Januar 1936 an die
WBZ. spricht sie noch von „angeblichen Beschlüssen, die als Er=
gänzung zum Vertrag aus dem Jahre 1930 gefaßt sein sollen",
deren Richtigkeit sie nach den ihr zugegangenen Schreiben und münd=
lichen Berichten bestreiten müsse. Unter diesen Umständen ist eine
schriftliche Niederlegung vertraglicher Vereinbarungen, die von der
Klägerin mit der Industrie und sogar auch mit dem übrigen Handel
getroffen worden sein sollen, bisher in keiner Weise dargetan. Eine
solche ergibt sich auch nicht etwa schon daraus, daß die Klägerin

in der Folgezeit die Zahlung der Delkredere=Provision entgegen=
genommen und gelegentlich auch in ihrem eigenen Schreiben vom
17. Juli 1934 die „Umsatzprämie" und den „Funktionsrabatt" sowie
in ihrem Schreiben vom 5. Oktober 1934 sogar auch die Delkredere=
Provision erwähnt hat.

Hiernach ist, soweit bisher ersichtlich ist, ein Kartellvertrag
zwischen den vier Verbänden, also unter Beteiligung der Klägerin
im Verhältnis zu den drei anderen Verbänden, schon mangels
Schriftform nicht rechtsgültig zustande gekommen. Der Senat sieht
sich jedoch nicht in der Lage, hierüber bereits endgültig zu befinden,
weil das Berufungsgericht in Verkennung sachlichen Rechts die
Klägerin nicht auf diese Bedenken hingewiesen und ihr daher nicht
ausreichend Gelegenheit gegeben hat, zur etwaigen Rechtfertigung
ihres Standpunktes Weiteres vorzutragen.

II. Die weitere Frage ist sodann, ob die Klägerin nicht wenigstens
ihren Anspruch darauf stützen kann, daß die WVZ. im Anschluß
an die Verträge, die sie mit dem ZGT. und dem RGT. am 16. März
und 10. April 1934 geschlossen hat, noch eine Sondervereinbarung
mit der Klägerin getroffen hat. Daher ist nunmehr zu prüfen, ob
eine solche selbständige Sondervereinbarung zwischen der WVZ. und
der Klägerin rechtlich Bestand haben könnte. Da sie, wie wenigstens
bisher anzunehmen ist, nicht nur die Zusage einer besonderen Del=
kredere=Provision an die Klägerin enthält, sondern allgemein den
Absatz gegenüber den der Klägerin angeschlossenen Einkaufsgenossen=
schaften regelt (vgl. insbesondere Nr. 10 der Beschlüsse vom 16. März
1934 sowie die Bezugnahme auf den Vertrag vom 27. März und
22. Mai 1930 im Beschluß vom 11. April 1934), würde sie nach dem
bisher ersichtlichen Sachverhalt ebenfalls als Kartellabrede im Sinne
des § 1 KartVO. aufzufassen sein. Es würde auch in diesem Falle
nicht darauf ankommen, ob die WVZ. schon für sich allein ein Kartell
ist oder ob die Zigarettenfabriken sich zunächst, ohne sich kartell=
mäßig untereinander zu binden, zu einer Gruppe zusammen=
geschlossen haben mit dem Ziel, auf diese Weise gleichmäßige markt=
regelnde Vereinbarungen mit den verschiedenen Abnehmergruppen
zu treffen. Auf alle Fälle sind die marktregelnden Vereinbarungen,
die auf solche Weise nicht etwa nur mit den einzelnen Abnehmern,
sondern mit den verschiedenen Abnehmergruppen zustande kommen,
dann als kartellmäßig anzusprechen, wenn sie den gemeinschaftlichen

Zweck verfolgen, den Absatz zwischen den beiderseitigen Verbänden, der Erzeugergruppe einerseits und den einzelnen Abnehmergruppen andrerseits, allgemein zu regeln und dadurch den Markt zu beeinflussen; in diesem Falle haben auch sie zum mindesten gesellschaftsähnliche Wesensart.

Demzufolge würde auch eine solche Vereinbarung gemäß § 1 KartVO. rechtswirksam nur dann zustande gekommen sein, wenn sie in schriftlicher Form getroffen wäre. Hierzu ist mindestens ein eindeutiger schriftlicher Beitritt aller Beteiligten zu den im übrigen inhaltlich schriftlich festgelegten Kartellrechten und -pflichten zu verlangen. Wenn auch zugelassen ist, daß hierbei auf einen vorangegangenen Vertrag eindeutig Bezug genommen wird, so muß dies doch in einer Weise geschehen, daß etwaige Änderungen sich zweifelsfrei erkennen lassen und daß auch jemand, der nicht am Vertrage beteiligt ist, aus den schriftlichen Unterlagen ohne weiteres den vollständigen Inhalt der getroffenen Vereinbarung ersehen kann. Daran scheint es aber, wie die Ausführungen zu I ergeben, im vorliegenden Falle zu fehlen. Dieser Mangel hat nicht nur zu einer großen Unklarheit und Verwirrung zwischen den Beteiligten darüber geführt, ob die Klägerin überhaupt als Vertragspartei beteiligt war und wem gegenüber sie im Vertrage Verpflichtungen eingegangen ist, sondern auch darüber, welchen Inhalt die Kartellverpflichtungen haben, die die Klägerin der WVZ. gegenüber übernommen hat. Unter diesen Umständen entbehrt bisher jedenfalls die Annahme des Berufungsgerichts, daß insofern dem Erfordernisse der Schriftform des § 1 KartVO. genügt sei, ausreichender tatsächlicher Unterlagen.

---

22. Wie kann nach österreichischem Rechte die blutmäßige Abstammung nachgeprüft werden, wenn die Ehelichkeit nicht mehr bestritten werden kann?

ABGB. § 159. Öst. ZPO. § 228.

VIII. Zivilsenat. Urt. v. 6. November 1939 i. S. K. S. (Kl.) w. E. S. (Bekl.). VIII 257/39.

I. Landgericht Wien.
II. Oberlandesgericht daselbst.

Der Kläger ist am 15. Februar 1915 geboren und im Taufbuche der Pfarre als eheliches Kind der Eheleute E. und A. S. eingetragen worden. Mit der Behauptung, daß er unmöglich von E. S. abstammen könne, begehrt er mit der Klage gegen diesen die Feststellung, daß er nicht sein Vater sei. Das Landgericht und das Berufungsgericht haben diese Klage als eine Klage zur Bestreitung der ehelichen Geburt angesehen und mangels der Voraussetzungen der §§ 158, 159 ABGB. abgewiesen. Die Revision blieb erfolglos.

Gründe:

Die Revision verweist darauf, daß es sich nicht um eine Klage zur Bestreitung der ehelichen Geburt, sondern um eine Klage zur Feststellung der blutmäßigen Abstammung des Klägers handele.

Das Allgemeine Bürgerliche Gesetzbuch hat — den Anschauungen seiner Entstehungszeit folgend — die Frage der blutmäßigen Abstammung überhaupt nicht aufgegriffen, sondern lediglich die Frage geregelt, unter welchen Voraussetzungen einem Kinde die Rechtsstellung eines ehelichen Kindes zukommt. Diese Regelung beruhte auf der Annahme, daß ein in der Ehe geborenes Kind als ehelich anzusehen ist, wenn es innerhalb bestimmter Fristen geboren wird und die Bestreitung seiner Ehelichkeit nicht innerhalb bestimmter Fristen erfolgt. Durch das Gesetz kann die Rechtsstellung auf einer Annahme aufgebaut werden. Die Annahme versagt aber in den Fällen, in denen die tatsächliche blutmäßige Abstammung in Frage kommt. Durch solche Annahme kann zwar ein Recht, nicht aber die blutmäßige Abstammung geschaffen werden.

Solange die blutmäßige Abstammung als nebensächlich angesehen wurde und nur der Rechtsstellung Bedeutung zukam, genügte es, der Bestreitungsklage das einzige Ziel zu setzen, die Rechtsstellung zu ordnen. Sobald aber infolge Änderung der Grundanschauung die blutmäßige Abstammung in den Vordergrund trat, zeigte sich, daß die Klärung der Rechtsstellung nicht das einzige Ziel der Bestreitungsklage sein kann, sondern daß als zweites Ziel die Klarstellung der verdeckten Frage der blutmäßigen Abstammung gesetzt werden muß. Sobald die Unmöglichkeit erkannt ist, diese zweite Frage durch eine Annahme zu lösen, wird die Doppelaufgabe der Bestreitungsklage erkennbar. In ihrer neuen Aufgabe richtet sie sich nicht mehr darauf, die mit der angenommenen Ehelichkeit verbundene Rechtsstellung zu beseitigen, sondern das Nichtvorhandensein der blutmäßigen Abstammung festzustellen. Solange die Möglichkeit besteht, dies auf dem Wege zu erreichen, daß das Nichtbestehen der Rechtsstellung festgestellt wird, ist ein Bestreiten der blutmäßigen Abstammung nicht erforderlich. Sobald aber dieser Weg — sei es wegen des Ablaufs der Fristen oder wegen der Unterlassung einer Klage — nicht mehr gangbar ist, hat die Bestreitungsklage die zweite Aufgabe, die blutmäßige Abstammung festzustellen.

Wie bereits in den Entscheidungen des Reichsgerichts vom 23. November 1936 (RGZ. Bd. 152 S. 390), vom 14. Oktober 1937 (JW. 1938 S. 245 Nr. 19), vom 15. Juni 1939 (RGZ. Bd. 160 S. 293) und vom 2. Oktober 1939 (RGZ. Bd. 161 S. 325) dargelegt wurde, ist die blutmäßige Abstammung eines Kindes als ein Rechtsverhältnis im Sinne des § 256 RZPO. (§ 228 Lst. ZPO.) anzusehen und ein Interesse des Kindes an der Feststellung seiner wirklichen Abstammung jedenfalls in den Fällen gegeben, in denen sich die Frage darauf zuspitzt, ob das Kind einen deutschen (artverwandten) oder einen jüdischen Erzeuger hat.

Diese Feststellung kann jedoch nicht mit der Feststellungsklage gegen die Person begehrt werden, die nach dem Taufbuch als ehelicher Vater erscheint. Da das Urteil die blutmäßige Abstammung festsetzen soll, diese Frage jedoch nicht von den Zufälligkeiten eines Feststellungsstreites, z. B. einem Anerkenntnis, einer Versäumung, abhängig werden kann, sondern erst nach Erforschung der sachlichen Wahrheit zu beantworten ist, so ist die Klage — und hier wirkt sich die doppelte Aufgabe der Bestreitungsklage aus — gegen den Kurator zur Verteidigung der ehelichen Geburt und der blutmäßigen Abstammung einzubringen. Dieser hat die öffentlichen Belange an der sachlichen Wahrheit zu vertreten und ist — ähnlich dem früher bestellten Ehebandsverteidiger — verpflichtet, über alle Umstände, die für und gegen die Abstammung sprechen, „genaue Erkundigungen einzuziehen und sie sorgfältig zu untersuchen". Die Beteiligung eines Verteidigers der ehelichen Geburt in seiner Stellung als Verteidiger der blutmäßigen Abstammung bietet allein die Gewähr, daß die öffentlichen Belange bei der Ermittlung und Klarstellung der wahren blutmäßigen Beziehungen gesichert sind.

23. Dienste im Hauswesen oder Geschäft der Eltern.

Da die Klage nicht gegen einen solchen Kurator eingebracht worden war und daher nicht gegen den richtigen Beklagten erhoben ist, so ist sie mit Recht abgewiesen worden.

---

23. Wonach entscheidet sich, ob Dienste, die ein dem elterlichen Hausstand angehörendes und von den Eltern erzogenes oder unterhaltenes Kind den Eltern leistet, zu den Diensten gehören, die es kraft Gesetzes den Eltern zu leisten verpflichtet ist? Kommt es dabei auf die Art der Dienste — insbesondere nicht höhere Art — oder darauf an, ob sie in den Rahmen des Hauswesens oder Geschäfts der Eltern fallen?

BGB. §§ 845, 1617.

VI. Zivilsenat. Urt. v. 8. November 1939 i. S. L. (Kl.) w. B. und H. (Bekl.). VI 17/39.

I. Landgericht Schweidnitz.
II. Oberlandesgericht Breslau.

Am 12. April 1937 stieß der damals 24 Jahre alte Sohn Albert des Klägers auf einer Fahrt mit seinem Kleinkraftrade mit dem Kraftwagen des Erstbeklagten, der von dem Zweitbeklagten geführt wurde, zusammen und erlitt tödliche Verletzungen. Das Landgericht hat auf den Antrag des Klägers die Beklagten als Gesamtschuldner verurteilt, ihm als Ersatz für Sachschaden und Beerdigungskosten 1069,69 RM. zu zahlen, hat aber den Kläger mit seinen weitergehenden Ansprüchen abgewiesen. Mit der Berufung hat der Kläger nur die Abweisung seines Anspruchs auf eine lebenslange jährliche Rente von 2600 RM. für die Zeit vom 1. Mai 1937 bis zum 1. Mai 1945 angefochten. Den Rentenanspruch hat er auf die Behauptung gestützt, ihm seien durch den von den Beklagten verschuldeten Tod seines Sohnes die Dienste entgangen, die der von ihm unterhaltene Haussohn bis zum Tode ihm in seinem Gewerbe geleistet habe und nach § 1617 BGB. zu leisten verpflichtet gewesen sei (§ 845 BGB.). Das Oberlandesgericht hat die Berufung des Klägers zurückgewiesen. Es läßt dahingestellt, ob die Beklagten dem Kläger nach den Bestimmungen des Bürgerlichen Gesetzbuchs über unerlaubte Handlungen haften, und weist den Kläger mit dem Rentenanspruch aus § 845 BGB.

nur deshalb ab, weil nach seiner eigenen Darstellung sein verunglückter Sohn Albert der Leiter des Schotterwerks des Klägers in K., das er einmal ganz habe übernehmen sollen, gewesen sei und es sich deshalb bei den entgangenen Diensten um „höhere Dienste" gehandelt habe. Dem stehe nicht entgegen, daß der Sohn dafür monatlich etwa 4 × 17,50 RM. bar und außerdem freie Wohnung, Beköstigung und Bekleidung erhalten habe; denn damit habe der Vierundzwanzigjährige sich auf monatlich rund 125 RM. gestanden, und ein solches Entgelt spreche nicht entscheidend gegen das Vorliegen von Diensten höherer Art, was auch dadurch bestätigt werde, daß der älteste Sohn in derselben Stellung auf diesem Werke, bis er den neueren Betrieb des Schotterwerks in F. übernahm, monatlich 200 RM. erhalten habe. Derartige Dienstleistungen fielen nicht unter die Dienste, die Kinder ihren Eltern in deren Gewerbe zu leisten gesetzlich (nach § 1617 BGB.) verpflichtet seien.

Die Revision des Klägers führte zur Aufhebung und Zurückverweisung.

Gründe:

Die Ansicht des Berufungsgerichts, daß sogenannte höhere Dienste nicht unter die Dienste fallen könnten, die Kinder unter den Voraussetzungen des § 1617 BGB. ihren Eltern in deren Hauswesen und Geschäft zu leisten haben, kann nicht als richtig anerkannt werden. Sie ist entwickelt worden von Coulin (Archiv für bürgerliches Recht Bd. 42 S. 376 flg.), gebilligt worden von Enneccerus-Kipp-Wolff (Lehrbuch des bürgerlichen Rechts Bd. IV § 76 Anm. 2) und auch in einige Erläuterungsbücher zum Bürgerlichen Gesetzbuch übernommen worden (RGRKomm. z. BGB. Bem. 3 zu § 1617; Staudinger Bem. 3a α zu § 1617). Coulin sieht zu Unrecht in dem familienrechtlichen Verhältnis der Eltern und derjenigen Kinder, die dem elterlichen Hausstand angehören und von ihren Eltern erzogen oder unterhalten werden, ein auf die Leistung von Diensten gegen Entgelt abgestelltes Verhältnis. Er geht davon aus, es „solle für die kleinen tagtäglichen Dienstleistungen im Hauswesen und Gewerbe der Eltern der Aufenthalt im Hause und die Gewährung des teilweisen oder vollständigen Unterhaltes volles Entgelt bieten", so daß auch diese Dienste „nicht der in der Entgeltlichkeit gesuchten rechtlichen Anerkennung entbehrten", und kommt zu dem Schluß, „alle Dienstleistungen volljähriger Hauskinder seien unterschiedslos als entgeltliche zu betrachten, aber die im Hauswesen und Geschäfte der Eltern geleisteten würden regelmäßig durch die Teilnahme am elterlichen Hausstand und den Empfang des Unterhaltes entgolten, während alle anderen Dienstleistungen in der allgemein üblichen Weise entgolten würden". Damit verkennt Coulin das Wesen der deutschen Familiengemeinschaft, in der vielfach, insbesondere in bäuerlichen, aber auch in gewerblichen Kreisen, die Söhne und Töchter auch nach Eintritt der Volljährigkeit im elterlichen Hausstande bleiben und sowohl im Hauswesen wie auch in der Landwirtschaft oder im Gewerbe nach besten Kräften wie Knechte und Mägde oder Gewerbegehilfen weiter arbeiten, nicht nur für sich, um gleichzeitig ihren Unterhalt zu haben, sondern für die Familie, für den Hof oder für das gewerbliche Unternehmen. Auch das Reichsarbeitsgericht hat mehrfach betont (RAG. Bd. 13 S. 221 [223] und S. 252 [255]), daß in den Fällen des § 1617 BGB. das Kind überhaupt keinen Anspruch auf Vergütung für seine Dienste habe, da diese grundsätzlich unentgeltlich seien, und daß die Unterhaltsgewährung nicht die geschuldete Vergütung für geleistete Dienste sei, so wenig wie diese Dienste die geschuldete Gegenleistung für die Unterhaltsgewährung darstellten. Wenn Coulin meint, der Unterhalt im elterlichen Hausstande solle das Entgelt für „die kleinen tagtäglichen Dienstleistungen" im Haushalt und Gewerbe der Eltern bieten, so ist auch die darin zum Ausdruck kommende Beschränkung der Art der Dienstleistungen abzulehnen, da das Gesetz keinen Anhalt dafür gibt, daß es die Verpflichtung der Kinder auf „kleine" Dienste hätte beschränken wollen. In der Rechtsprechung des Reichsarbeitsgerichts ist mit Recht anerkannt worden, daß unter den § 1617 BGB. auch Dienste fallen, welche die Kräfte und die Erwerbsfähigkeit des Kindes voll in Anspruch nehmen, wie das z. B. bei den auf dem Hofe bleibenden Bauernsöhnen und -töchtern in der Regel der Fall ist (vgl. RAG. Bd. 12 S. 94, Bd. 13 S. 221 [223] und S. 252 [255], Bd. 15 S. 325 [327]). Die Ansicht von Coulin steht auch in Widerspruch mit dem sich aus der Entstehungsgeschichte des Bürgerlichen Gesetzbuches ergebenden gesetzgeberischen Willen. In den Motiven zum Bürgerlichen Gesetzbuch (Mugdan Materialien IV S. 379) ist über die von den Hauskindern zu leistenden Dienste nur gesagt, die in § 1499 des Entwurfs I vorgesehene Verpflichtung des Kindes, „in einer seinen Kräften und seiner Lebensstellung entsprechenden Weise den Eltern in ihrem Hauswesen und Gewerbe unentgeltlich Dienste zu leisten", entspreche nicht allein der abhängigen Stellung eines noch unter der Erziehungsgewalt der Eltern stehenden Kindes gegenüber den Eltern, sondern auch dem Erziehungszweck und den natürlichen Verhältnissen des Lebens, „namentlich in den Kreisen kleinerer Gewerbebetriebe und Ackerwirtschaften". Der Gebrauch des Wortes „namentlich" schließt die Annahme aus, daß etwa die Anwendung der Verpflichtung auf die nur als Beispiele erwähnten Kreise hätte beschränkt werden sollen. Für die nicht mehr unter der Erziehungsgewalt der Eltern stehenden Kinder ist in den Motiven (a. a. O.) über die Art der Dienste nichts weiter gesagt, sondern nur von den Diensten „der hier fraglichen Art" die Rede; und dazu heißt es dort, durch den § 1499 des Entwurfs werde ein Anspruch auf Vergütung für die Dienste ausgeschlossen, sofern nicht eine anderweite ausdrückliche oder stillschweigende Vereinbarung ergebe, daß die Gewährung des Unterhalts wie die Leistung der Dienste in Erfüllung einer besonderen vertragsmäßigen Verpflichtung geschehen sei, ein Ergebnis, das ... die Kinder nicht gefährde, da sie, wenn sie volljährig und selbst sich zu unterhalten imstande seien, es in der Hand hätten, jederzeit den Hausstand der Eltern zu verlassen oder durch Vertrag sich eine Vergütung für ihre Dienste zu sichern. Mit unerheblichen Änderungen ist der § 1499 des Entwurfs als § 1617 Gesetz geworden, und weder die Protokolle der Kommission für die zweite Lesung, noch die Denkschrift, noch der Bericht der Reichstagskommission (Mugdan Materialien IV S. 960, 1170 und 1251) ergeben einen Anhalt dafür, daß man sogenannte höhere Dienste von der Verpflichtung der Kinder zu Dienstleistungen hätte ausschließen wollen.

Für die Frage der Anwendbarkeit der §§ 1617, 845 BGB. kann hiernach nicht die Art der Dienste, sondern nur der Umstand entscheidend sein, ob die Dienste in den Rahmen des Hauswesens oder Geschäfts der Eltern fallen. Dabei ist es unerheblich, ob die Stellung in dem Hauswesen oder dem Geschäfte mehr oder weniger selbständig, ob sie leitend oder untergeordnet ist und ob sie die Arbeitskraft des Kindes vollständig oder nur teilweise in Anspruch nimmt. Auch sogenannte höhere Dienste können also in den Rahmen des Hauswesens oder des Geschäfts fallen, und der Umstand, daß der Kläger jeden seiner drei Betriebe, den Erbhof und die beiden Schotterwerke, durch einen anderen seiner drei Söhne hat leiten lassen, steht der Annahme, daß der verunglückte Sohn auch nach der Übertragung der Leitung des Schotterwerks in K. zum Kläger in dem familienrechtlichen Verhältnis des § 1617 BGB. geblieben ist, nicht entgegen. Der bisher festgestellte Sachverhalt bietet keinen Anhalt dafür, etwa anzunehmen, wie es die Beklagten wollen, daß der verunglückte Sohn dem Vater die Dienste nur geleistet hätte, weil ihm das Schotterwerk später habe übertragen werden sollen, oder daß der Kläger sich dem Sohne gegenüber schon zur künftigen Übertragung verpflichtet hätte.

Überdies muß aber auch der Revision zugegeben werden, daß der bisher festgestellte Sachverhalt nicht die Annahme rechtfertigt, daß es sich bei den Diensten des Verunglückten überhaupt um sogenannte höhere Dienste gehandelt habe. Denn es ist weder festgestellt, daß die Leitung des Schotterwerks Dienste höherer Art erfordert habe, noch daß der Verunglückte überhaupt zur Leistung von Diensten höherer Art befähigt gewesen sei. Mangels solcher Feststellungen mußte davon ausgegangen werden, daß die Leitung des Betriebes keine anderen Kenntnisse und Erfahrungen erfordert hat, als sie mancher tüchtige Schachtmeister besitzt.

Danach mußte das angefochtene Urteil aufgehoben und die Sache zur anderweiten Verhandlung und Entscheidung an das Berufungsgericht zurückverwiesen werden. Dabei ist darauf hinzuweisen, daß ein familienrechtliches Verhältnis, wie es nach der Rückkehr des Sohnes aus dem Wehrdienste durch seine Wiederaufnahme in den Hausstand der Eltern vermutlich entstanden ist, zwar jederzeit von den Beteiligten durch ein vertragliches Dienstverhältnis ersetzt werden konnte, daß aber eine solche Änderung eine Willenseinigung der Beteiligten zur Voraussetzung hatte. Diese brauchte nicht notwendig ausdrücklich getroffen zu werden, sondern konnte auch stillschweigend geschehen. Soll aber eine solche stillschweigende Willenseinigung angenommen werden, dann bedarf es der Feststellung von Tatsachen, in denen eine stillschweigende Einigung gefunden werden kann. Denn wenn sich in der familienrechtlichen Grundlage des Verhältnisses an sich nichts ändert, spricht auch bei einer Erhöhung der Verantwortung und der Arbeitsleistung des Sohnes, wie sie mit der Übertragung der Leitung des Betriebes verbunden gewesen sein kann, die Vermutung eher für als gegen die Aufrechterhaltung des früheren Zustandes (vgl. Entscheidung RAG. 15/34 vom 18. April 1934 in JW. 1934 S. 1598 Nr. 1).

24. Kann die Firma eines Einzelkaufmanns, die einen Doktortitel enthält, von dem Erwerber des Handelsgeschäfts, dem der Titel nicht zusteht, unverändert fortgeführt werden?

HGB. §§ 18, 22, 37.

II. Zivilsenat. Urt. v. 2. Dezember 1939 i. S. Dr. B. (Kl.) w. J. (Bekl.). II 60/39.

I. Landgericht Hannover.
II. Oberlandesgericht Celle.

Der Kläger betrieb unter der im Handelsregister eingetragenen Firma Dr. Ernst B. die Herstellung von pharmazeutischen, kosmetischen und biochemischen Erzeugnissen und den Handel damit. Durch einen notariell beurkundeten Vertrag vom 4. Dezember 1933 verkaufte er das Geschäft mit dem Rechte zur Fortführung der Firma an die Beklagte. Der Kläger verlangt die Feststellung, daß der Vertrag nichtig sei. Er hat geltend gemacht, ein in dem Vertrag enthaltenes Wettbewerbsverbot verstoße gegen §§ 74 flg. HGB., der Vertrag, den ihm die Beklagte unter Ausnutzung seiner damaligen geldlichen Notlage aufgezwungen habe, sei auch als Knebelungsvertrag sittenwidrig und nichtig. Die Beklagte ist den Ausführungen des Klägers entgegengetreten und hat Abweisung der Klage beantragt. Das Landgericht hat die Klage abgewiesen. Die Berufung des Klägers hatte keinen Erfolg. Seine Revision führte zur Aufhebung und Zurückverweisung.

Aus den Gründen:

Die Frage, ob eine Firma, in der ein Doktortitel als Firmenzusatz enthalten ist, als abgeleitete Firma von einem Inhaber, dem der Doktortitel nicht zusteht, weitergeführt werden darf, ist streitig (bejahend: Schlegelberger HGB. Bem. 21 zu § 22, Seidel in DJG. 1936 S. 223; verneinend: Ritter HGB. 2. Aufl. Bem. 6c II zu § 18 und Bem. 9 zu § 22, Zimmermann in ZBlfHR. 1931 S. 258 und KG. in JW. 1927 S. 720 Nr. 1). In der Firma eines Einzelkaufmanns ist der Doktortitel jedenfalls geeignet, nach § 18 Abs. 2 Satz 1 HGB. eine Täuschung über die Verhältnisse des Geschäftsinhabers herbeizuführen, wenn der Titel dem derzeitigen Inhaber des unter einer solchen Firma betriebenen Handelsgeschäfts nicht zusteht. In einem solchen Fall ist somit die Weiterführung der Firma mit dem Doktortitel ohne einen Zusatz, der das Nachfolgeverhältnis deutlich erkennen läßt und die Täuschung ausschließt, unzulässig, und der Erwerber des Handelsgeschäfts kann nach § 37 HGB. zur Unterlassung angehalten werden. Von den Vertretern der Gegenmeinung wird angeführt, die Firma besage nur, daß ihrem Begründer der Doktortitel zugestanden habe, nicht aber, daß der Begründer jetzt noch Inhaber sei oder daß dem jetzigen Inhaber der Titel zustehe. Dem kann nicht beigetreten werden. Daß der Doktortitel als höchstpersönliches Recht unveräußerlich und unvererblich ist, ist allgemein bekannt, und deshalb werden weite Kreise annehmen, daß dem, der im Handel unter der Beifügung des Doktortitels seine Geschäfte betreibt und seine Unterschrift abgibt, dieser Titel auch wirklich zustehe. Das Kammergericht hat in einer späteren Entscheidung (HRR. 1936 Nr. 610) ausgesprochen, daß die Firma einer Gesellschaft mbH., die ein von einem Arzt erfundenes Heilgerät vertreibt und dessen Namen mit dem Zusatze Dr. med. enthält, nicht schon aus dem Grunde zur Täuschung geeignet sei, weil der Arzt nicht mehr lebe. Dieser Fall lag insofern anders, als es sich nicht um die Firma eines Einzelkaufmanns, sondern um eine Gesellschaftsfirma handelte. Der gegenwärtige Fall zeigt, wie groß die Gefahr ist, daß durch die Weiterführung der Firma eines Einzelkaufmanns mit dem Doktortitel Mißbrauch getrieben wird. Der Ehemann der Beklagten übte bei dem Erwerbe des Handelsgeschäfts durch diese den Beruf eines Heilpraktikers aus. Welchen großen Wert die Beklagte und ihr hinter ihr stehender Ehemann gerade auf den Erwerb der Firma mit dem Doktortitel legten, ergibt sich daraus, daß der Kläger die Firma Dr. Ernst B. erst an dem Tag in das Handelsregister hat eintragen lassen, an dem sie auf die Beklagte übertragen worden ist. § 22 HGB. enthält allerdings eine Durchbrechung des Grundsatzes der Firmenwahrheit zu Gunsten der Firmenbeständigkeit. Der Grundsatz der Firmenwahrheit wird aber nur so weit durchbrochen, als das zur Erhaltung der bisherigen Firma und der in ihr verkörperten Werte notwendig ist; darüber hinaus darf die Firma nicht unwahr sein. Das allgemeine Verbot täuschender Zusätze ist insoweit auch auf eine abgeleitete Firma anzuwenden. Durch die Möglichkeit des Weitergebrauchs der Firma mit einem Zusatze, der das Nachfolgeverhältnis erkennen läßt, wird der Erhaltung der in der Firma als solcher verkörperten Werte hinreichend Rechnung getragen. Ohne einen solchen Zusatz würde der Weitergebrauch geeignet sein, durch die Erregung des Irrtums, dem derzeitigen Inhaber des Geschäfts stehe der Doktortitel zu, über den auf zulässige Weise geschaffenen Wert der Firma hinaus ungerechtfertigt weitere Vorteile zu erlangen. Der Zusatz des Doktortitels, der bei der Eintragung der Firma für den Kläger berechtigt war, ist somit infolge des Wechsels des Geschäftsinhabers für die Weiterführung der Firma durch die Beklagte unzulässig geworden. Das Verbot des § 18 Abs. 2 Satz 1 HGB. geht weiter, als es nach seinem Wortlaute den Anschein hat. Es bezieht sich entsprechend dem Sinne des Gesetzes, das Täuschungen der Allgemeinheit in jedem Falle verhindern will, nicht nur auf die Bildung neuer Firmen, sondern auch auf die Fälle, in denen eine zunächst den Anforderungen des Firmenrechts entsprechende Firma durch eine Veränderung der Umstände, die anfänglich die gewählten Firmenzusätze als gerechtfertigt erscheinen ließen, unzulässig geworden ist (vgl. Schlegelberger HGB. Bem. 7 zu § 18; KG. in JW. 1932 S. 2622 Nr. 2; RG. in JW. 1936 S. 923 Nr. 12a). Danach darf die Beklagte die Firma Dr. Ernst B. nicht ohne einen Zusatz gebrauchen, der das Nachfolgeverhältnis erkennen läßt. Ob sie die Firma Ernst B. ohne Nachfolgezusatz unter Fortlassung des Doktortitels weiterführen darf, braucht in diesem Zusammenhange nicht entschieden zu werden. Nach § 22 HGB. darf der Erwerber eines Handelsgeschäfts die bisherige, d. h. nur die unveränderte Firma mit oder ohne einen das Nachfolgeverhältnis andeutenden Zusatz fortführen. Dabei kommt es allerdings nicht auf die wort- und buchstabengetreue Angleichung an, und ein die Verkehrsauffassung außer acht lassender Formalismus ist zu vermeiden (vgl. RGZ. Bd. 113 S. 306 [309]). Die Entscheidung der Frage hängt davon ab, ob der Zusatz des Doktortitels in diesem Sinn als wesentlich anzusehen ist oder nicht. Der Vertrag vom 4. Dezember 1933 richtete sich insoweit, als der Beklagten darin das Recht zur Fortführung der Firma Dr. Ernst B. ohne Nachfolgezusatz übertragen werden sollte, auf eine unmögliche Leistung mit der Folge der Nichtigkeit aus § 306 BGB. Für die Entscheidung über die Rechtswirksamkeit des gesamten Vertrages vom 4. Dezember 1933 war mithin gemäß § 139 BGB. zu prüfen, ob die Parteien und insbesondere die Beklagte den Vertrag trotz der Unmöglichkeit geschlossen hätten, das Recht zur Weiterführung der Firma Dr. Ernst B. ohne Nachfolgezusatz auf die

Beklagte zu übertragen. Das Berufungsgericht ist auf diese Frage nicht eingegangen, und das angefochtene Urteil mußte schon aus diesem Grund als auf Rechtsirrtum beruhend aufgehoben werden.

---

25. 1. **Bedarf es in Ehesachen einer Verkündung des Ausspruchs über die Zulassung der Revision?**

2. **Fällt bei § 55 Abs. 2 EheG. das Vorhandensein unterhalts- und erziehungsbedürftiger Kinder dann nicht mehr zu Gunsten der Aufrechterhaltung der Ehe ins Gewicht, wenn der auf Scheidung klagende Ehemann eine besondere Unterhaltsverpflichtung eingegangen ist?**

Verordnung des Reichspräsidenten über Maßnahmen auf dem Gebiete der Rechtspflege und Verwaltung vom 14. Juni 1932, Erster Teil Kap. II (Bürgerliche Rechtspflege) Art. 1 (RGBl. I S. 285, 287). EheG. § 55 Abs. 2.

IV. Zivilsenat. Urt. v. 25. November 1939 i. S. Ehemann R. (Kl.) w. Ehefrau R. (Bekl.). IV 174/39.

I. Landgericht Mainz.
II. Oberlandesgericht Darmstadt.

Die Parteien haben am 1. April 1925 geheiratet. Aus der Ehe sind 3 Kinder im Alter von jetzt 12, 10 und 7 Jahren hervorgegangen. Die Parteien leben seit dem 26. Juli 1934 getrennt. Der Kläger wohnt als Pfarrer in F., die Beklagte mit den Kindern in D. Der Kläger ist jetzt 41, die Beklagte 35 Jahre alt. Eine vom Kläger im Jahre 1935 erhobene Scheidungsklage, die auf § 1568 BGB. gestützt war, ist in beiden Rechtsgängen abgewiesen worden. Nunmehr begehrt der Kläger erneut Scheidung der Ehe, und zwar auf Grund des § 55 EheG. Die Beklagte hat der Scheidung widersprochen, Klageabweisung beantragt und hilfsweise um Schuldigerklärung des Klägers gebeten.

Landgericht und Oberlandesgericht haben zuungunsten des Klägers erkannt. Auch seine Revision blieb erfolglos.

Gründe:

I. Der Ansicht der Revisionsbeantwortung, die Revision sei unzulässig, weil sie nicht ordnungsmäßig durch das Berufungsgericht zugelassen worden sei, vermag der erkennende Senat nicht zu folgen. Der Vermerk über die Zulassung der Revision findet sich in den Entscheidungsgründen des Berufungsurteils. Daß das an sich zulässig ist — selbstverständlich nur unter der Voraussetzung, daß die Zulassung schon bei der Verkündung des Urteils beschlossen war —, ist in der Rechtsprechung allgemein anerkannt und wird offenbar auch von der Revisionsbeantwortung nicht in Zweifel gezogen. Die Revisionsbeantwortung meint aber unter Bezugnahme auf die Entscheidung des Reichsarbeitsgerichts RAG. Bd. 21 S. 221, daß die Zulassung der Revision habe verkündet werden müssen, und rügt, daß dies nicht geschehen sei. Einer solchen Verkündung bedurfte es aber nicht. Die genannte Entscheidung des Reichsarbeitsgerichts, die allerdings davon ausgeht, daß eine Verkündung des Ausspruchs über die Zulassung des Rechtsmittels erforderlich sei und daß die Tatsache der Verkündung durch die Verhandlungsniederschrift dargetan werden müsse, ist ersichtlich auf die besonderen Vorschriften des Arbeitsgerichtsgesetzes abgestellt und kann deshalb hier nicht herangezogen werden. In ihr ist ausdrücklich auf den Unterschied der Bestimmungen in § 60 Abs. 2 ArbGG. und der in § 311 Abs. 2 ZPO. hingewiesen. Da § 311 ZPO. in keinem Fall eine Verkündung der Urteilsbegründung vorschreibt, deren Erfordernis das Reichsarbeitsgericht in der genannten Entscheidung aus § 60 Abs. 2 ArbGG. folgert, braucht auch der Ausspruch über die Zulassung der Revision nicht verkündet zu werden, wenn er in den Urteilsgründen enthalten ist. Unter diesen Umständen bestehen hier gegen die Zulässigkeit der Revision keine Bedenken.

II. Das Berufungsgericht stellt zunächst fest, daß die Parteien länger als 3 Jahre getrennt leben, daß die Ehe unheilbar zerrüttet und daß der Kläger an dieser Zerrüttung allein oder zum mindesten weitaus überwiegend schuldig sei, und zwar dadurch, daß er Beziehungen zu einer E. H. aufgenommen habe. Den danach zulässigen Widerspruch der Beklagten sieht das Berufungsgericht als beachtlich an. Die Ehe habe, wenn auch nicht ganz reibungslos, 9 Jahre als Gemeinschaft bestanden, und aus ihr seien 3 wohlgeratene Kinder hervorgegangen. Erst als E. H. dazwischen gekommen sei und die

Zuneigung des Klägers erweckt habe, sei beim Kläger die eheliche Gesinnung geschwunden, während die Beklagte die Kraft aufgebracht habe, über diese schwere Kränkung hinwegzukommen. Für die Beklagte, die an der Ehe festhalten wolle, seien nicht nur wirtschaftliche Gesichtspunkte maßgebend, sondern sie fühle sich auch verpflichtet, den Mann von einem Weg abzuhalten, der nach ihrer Überzeugung ein Irrweg sei. Wesentlich für sie sei auch die Rücksicht auf die Kinder, die mit gleicher Liebe an beiden Eltern hingen und denen sie das Elternhaus erhalten wolle. Allerdings sei zu berücksichtigen, daß der Kläger die Ehe mit der Beklagten auch in Form eines gleichgültigen Nebeneinanderlebens nicht mehr aufnehmen werde. Nach der Scheidung wolle der Kläger eine neue Ehe mit E. H. eingehen. Diese Ehe könne nicht als völkisch wertvoller angesehen werden als die jetzt bestehende, auch wenn anzunehmen sei, daß der Kläger es dann in seinem Berufe leichter haben werde als unter den jetzt gegebenen Verhältnissen, die schon zu einem Dienststrafverfahren gegen ihn und zu seiner Strafversetzung geführt hätten. Insgesamt sei mit Rücksicht auf die bisherige Gestaltung der Ehe, vor allem mit Rücksicht auf die Kinder und die Tatsache, daß durch die Kinder auch noch ein — wenn auch nur loses — Band zwischen den Ehegatten bestehe und daß die Beklagte an der Ehe aus sittlich durchaus berechtigten Gründen festhalten wolle, die Aufrechterhaltung der Ehe als sittlich gerechtfertigt anzusehen.

Ganz unbedenklich ist zunächst die Annahme des Berufungsgerichts, daß die Zerrüttung der Ehe zum mindesten überwiegend auf das Verschulden des Klägers zurückzuführen sei. Das Berufungsgericht hat entgegen den Ausführungen der Revision dabei keineswegs verkannt, daß gewisse Wesensunterschiede der Parteien bestehen und hier und da die Eintracht in der Ehe gestört haben, legt aber das Hauptgewicht auf die Beziehungen des Klägers zu E. H. Doch auch in der Frage der Beachtlichkeit des Widerspruchs kann dem Berufungsurteil zum mindesten im Ergebnis nicht entgegengetreten werden. Es hält sich jedenfalls insoweit im Rahmen der vom erkennenden Senat aufgestellten Grundsätze, als es für die Aufrechterhaltung der Ehe entscheidend auf das Vorhandensein der drei noch unterhalts- und erziehungsbedürftigen Kinder abstellt. Gerade vom völkischen Standpunkt aus hat das Wohl der Kinder im Vordergrunde zu stehen; die persönlichen Belange der Ehegatten müssen dahinter zurücktreten (vgl. RGZ. Bd. 160 S. 41). Der Kläger kann sich auch nicht mit Erfolg darauf berufen, daß er sich zur Zahlung eines genügenden Unterhaltsbetrages verpflichtet und für den Todesfall seine Lebensversicherung von 10000 RM. an die Beklagte und die Kinder zu je ¼ abgetreten habe. Bereits in einer früheren Entscheidung hat der Senat dargelegt, daß, wenn dem Vater durch die Scheidung der alten die Eingehung einer neuen Ehe möglich werde, dies in aller Regel nur auf Kosten der Kinder der ersten Ehe geschehen könne und daß die den Kindern daraus erwachsenden wirtschaftlichen Gefahren auch dadurch allein, daß ihnen Unterhaltsansprüche zustehen, nicht ausgeglichen werden könnten. Daran ändert auch eine besondere Verpflichtung des Klägers nichts, da sie durch eine Veränderung der Verhältnisse, insbesondere die durch die neue Eheschließung regelmäßig eintretende wirtschaftliche Belastung, berührt werden kann. Abgesehen von diesen rein geldlichen Folgen läßt sich auch nicht verkennen, daß der Kläger durch Begründung einer neuen Familie den Kindern aus der jetzigen Ehe als Vater mehr oder minder verloren gehen würde. Vom Kläger als Vater von drei noch unerwachsenen Kindern muß man aber verlangen, daß er — auch unter Zurückstellung persönlicher Wünsche — sich und seine Kraft den Kindern erhält. Deshalb gilt auch hier der in der vorgenannten Entscheidung des Senats aufgestellte Satz, daß in einem Falle wie dem vorliegenden wertvoller als der Versuch der Gründung einer neuen Ehe die Aufrechterhaltung der alten Ehe ist mit dem Ziele, den aus ihr hervorgegangenen Kindern die Grundlage für ihre körperliche und geistige Entwicklung nach Möglichkeit zu erhalten. Es kann deshalb hier auf die Tatsache, daß die Scheidung der Ehe dem Kläger die Möglichkeit gäbe, mit E. H. eine völkisch wertvolle Ehe zu schließen, nicht entscheidend ankommen. Bei dieser Sachlage sprechen mindestens zur Zeit überwiegende Gründe dafür, die Aufrechterhaltung der Ehe als sittlich gerechtfertigt anzusehen, so daß der Widerspruch der Beklagten beachtlich ist und der vom Kläger begehrten Scheidung entgegensteht. Ob einem Scheidungsverlangen des Klägers etwa später stattzugeben sein wird, wenn die Erziehung und Ausbildung der Kinder beendet ist, ist hier nicht zu entscheiden.

26. Was ist unter „Inland" in § 606 RZPO. und § 100 JN. zu verstehen?

RZPO. § 606. Österreichisches Gesetz über die Ausübung der Gerichtsbarkeit und über die Zuständigkeit der ordentlichen Gerichte in bürgerlichen Rechtssachen (Jurisdiktionsnorm) vom 1. August 1895 (Öst. RGBl. S. 333) — JN. — §§ 76, 100.

VIII. Zivilsenat. Beschl. v. 7. Dezember 1939 in einer Ehesache.
VIII GB 113/39.

Den Sachverhalt ergeben die

Gründe:

Nach § 606 RZPO. ist für die Ehescheidungsklage das Landgericht zuständig, bei welchem der Ehemann seinen allgemeinen Gerichtsstand hat; ist der Ehemann ein Deutscher und hat er im Inlande keinen allgemeinen Gerichtsstand, so kann die Klage bei dem Landgericht erhoben werden, in dessen Bezirk er den letzten Wohnsitz im Inlande hatte. Nach § 76 JN. gehören Klagen auf Scheidung vor das Gericht, in dessen Sprengel die Ehegatten ihren letzten gemeinsamen Wohnsitz hatten. Sie können aber, wenn im Inlande hiernach ein Gerichtsstand nicht begründet ist, nach § 100 JN. bei dem allgemeinen Gerichtsstande des Klägers oder, wenn auch ein solcher im Inlande nicht begründet ist, bei dem Landesgericht (jetzt Landgericht) in Wien angebracht werden.

Das Landgericht in Görlitz hält nach § 606 RZPO. sich für unzuständig und das Landgericht in Wien für zuständig, weil der Ehemann in Wien wohnt. Das Landgericht in Wien verneint seine Zuständigkeit und meint, das Landgericht in Görlitz sei zuständig, weil die Ehegatten im Görlitzer Bezirk ihren letzten gemeinsamen Wohnsitz gehabt hätten (§ 76 JN.). Beide Gerichte übersehen dabei, daß unter „Inland" sowohl in § 606 RZPO. wie in § 100 JN. nicht das Gebiet des Großdeutschen Reichs, sondern entsprechend der Zeit ihrer Entstehung das Gebiet ihres Geltungsbereichs zu verstehen ist. Eine Zuständigkeit für den Rechtsstreit ist daher sowohl nach § 606 Abs. 2 RZPO. für das Landgericht in Görlitz, wie nach § 100 JN. für das Landgericht in Wien gegeben. Da die Klage zuerst an das Landgericht in Görlitz gelangt ist, erscheint es angemessen, dieses Gericht nach § 36 Nr. 6 RZPO. als zuständig zu bestimmen.

27. 1. Sind die auf der verfassungsmäßigen Leitungs- und Dienstgewalt eines Reichsministers beruhenden Verordnungen über Einrichtung und Zuständigkeit von Behörden Rechts- oder Verwaltungsverordnungen? Ist insbesondere die Zuständigkeitsordnung des Reichspostministers vom 13. März 1928 eine Rechtsverordnung?

2. Kann die Befugnis einer Behörde zur Vertretung bei Rechtsgeschäften entgegen den Bestimmungen über ihre Zuständigkeit durch Verwaltungsübung begründet werden?

3. Über die Vertretungsbefugnis der Oberpostdirektionen (Reichspostdirektionen).

4. Kann der Einwand, einem Beamten habe bei Abschluß eines Rechtsgeschäfts für die Behörde die Zuständigkeit gefehlt, mit Rücksicht auf Treu und Glauben, insbesondere weil seine Ermächtigung zu vermuten war, unbeachtlich sein?

5. Unter welchen Umständen kann das Schweigen einer Behörde auf Bestätigungsschreiben solche Rechtsgeschäfte wirksam machen, die ein dazu nicht befugter Beamter für sie abgeschlossen hat?

6. Welcher Beamte ist zur Auskunft darüber befugt, durch wen eine Behörde beim Abschluß von Verträgen wirksam vertreten wird? Welche Bedeutung hat der vom Behördenvorstand einem Beamten ausgestellte Ausweis über dessen Vertretungsbefugnis? Wann kommt mit einer Behörde ein Auskunftsvertrag zustande?

7. Unter welchen Voraussetzungen ist eine öffentlich-rechtliche Körperschaft schadensersatzpflichtig, weil ein Beamter für sie einen Vertrag geschlossen und dabei seine Unzuständigkeit verschwiegen hat?

8. Über die Bedeutung der amtlichen Siegelung rechtsgeschäftlicher Erklärungen einer Behörde.

9. Handelt ein Behördenvorstand in Ausübung öffentlicher Gewalt, wenn er bescheinigt, daß ein Beamter der Behörde zu ihrer Vertretung bei Rechtsgeschäften befugt ist und von ihm vollzogene Unterschriften auf Bürgschaftserklärungen anerkannt werden?

10. Wann ist die Pflicht des Behördenvorstandes, für Aufrechterhaltung eines ordnungsmäßigen Dienstbetriebes zu sorgen, eine Amtspflicht, die ihm Dritten gegenüber obliegt?

11. Ist der Sachbearbeiter einer Oberpostdirektion (Reichspostdirektion) ein besonderer Vertreter im Sinne des § 30 BGB., wenn

130   27. Reichspost. Unwirksame Rechtsgeschäfte.

sein Geschäftsbereich wesentlich auf die Vertretung der Reichspost nach außen hin eingerichtet ist und umfangreiche wirtschaftliche Betätigung umfaßt?

12. Unter welchen Voraussetzungen handelt ein Beamter, der verfassungsmäßiger oder besonderer Vertreter seiner Behörde ist, in Ausführung der ihm zustehenden Verrichtungen, wenn er für die Behörde ein Vertragsangebot annimmt und dabei dem Anbietenden vorspiegelt, es sei alles in Ordnung, während er für diesen Fall keine Abschlußbefugnis hat und das Angebot sachlichen Anforderungen der Behörde nicht entspricht?

WeimVerf. Art. 56, 131. Gesetz über die Haftung des Reichs für seine Beamten vom 22. Mai 1910 (RGBl. S. 798) § 1. BGB. §§ 30, 31, 89, 167, 177, 276, 676, 839.

III. Zivilsenat. Urt. v. 14. März 1939 i. S. C. u. P. AG. (Kl.) w. Deutsche Reichspost (Bekl.). III 128/37.

I. Landgericht Dresden.
II. Oberlandesgericht daselbst.

Der bei der Oberpostdirektion D. tätig gewesene, später freiwillig aus dem Leben geschiedene Oberpostrat Wi. hat in den Jahren 1932 und 1933 gegenüber der Klägerin und anderen Banken in amtlicher Eigenschaft für die Deutsche Reichspost Verpflichtungserklärungen in Höhe von mehreren Millionen Reichsmark abgegeben. Diese betreffen dinglich ungesicherte Wechsel- und Barkredite, welche die Empfänger der Erklärungen einem Bauunternehmer und einer gemeinnützigen GmbH. gegeben haben wollen. Die Erklärungen sind verschieden gefaßt, je nachdem, für welche Bank oder welches Kreditinstitut sie bestimmt waren. Die der Klägerin abgegebene Erklärung vom 27. Mai 1933 lautet dahin, die Deutsche Reichspost übernehme für Wechsel- und Barkredite, die der GmbH. von der Klägerin eingeräumt seien, die selbstschuldnerische Bürgschaft mit der Verpflichtung, der Klägerin zur Abdeckung der Kredite bestimmte Beträge innerhalb bestimmter Zeiträume zu überweisen. Aus dieser Erklärung leitet die Klägerin in erster Reihe Erfüllungsansprüche gegen die Reichspost her. Soweit ihr Ansprüche aus Vertrag nicht zustehen sollten, hat sie ihr Begehren auch noch auf andere Rechtsgründe gestützt, die im einzelnen aus den nachstehenden Urteilsgründen ersichtlich sind. Insbesondere streiten die Parteien darüber, ob Wi. nach den für die Reichspostbehörden geltenden Zuständigkeitsbestimmungen überhaupt befugt war, derartige Verpflichtungen für die Reichspost wirksam einzugehen. Wi., der der Behörde schon seit 1919 angehörte und als besonders tüchtiger und zuverlässiger Beamter galt, war mit einem Sachgebiete betraut, das alle verwaltungsmäßig und haushaltsmäßig — nicht aber technisch — zu bearbeitenden Bau- und Grundstücksangelegenheiten umfaßte. Insbesondere gehörten dazu die Wohnungsfürsorgeangelegenheiten, d. h. die Maßnahmen der Reichspost, die darauf abzielten, durch Förderung fremder Bauunternehmen geeignete Wohnungen für wohnungsnotleidende oder wohnungslose Postbedienstete zu beschaffen.

Die Klägerin hat sich auch auf eine Bescheinigung berufen, die der Präsident der Oberpostdirektion, We., am 2. Februar 1932 über die Vertretungsmacht Wi.s ausgestellt hat und die lautet:

Bescheinigung.

Der Oberpostrat Wi. in D. ist für sein dienstliches Tätigkeitsgebiet zur Vertretung der Oberpostdirektion D. befugt und zur Anweisung von Zahlungen ermächtigt. Die von ihm innerhalb dieser Ermächtigung vollzogenen Urkunden werden von der Oberpostdirektion anerkannt. Dies gilt insbesondere von den von ihm vollzogenen Urkunden, betreffend die Übernahme der Postbürgschaft für die H. GmbH.

Die Klägerin erhebt einen Anspruch auf 472933 RM., ist aber damit in den ersten beiden Rechtsgängen abgewiesen worden. Ihre Revision führte zur Aufhebung des Berufungsurteils und zur Zurückverweisung.

Gründe:

Über die staatsrechtliche Stellung der Reichspost als einer Hoheitsverwaltung des Reichs hat sich der erkennende Senat im Urteil vom 13. Mai 1938 (RGZ. Bd. 158 S. 83) ausgesprochen. Dort ist ferner dargelegt, daß die Reichspost sich zur Erfüllung oder zum Zwecke der Erfüllung von hoheitsrechtlichen Aufgaben mangels entgegenstehender Rechtsbestimmungen auch bürgerlich-rechtlicher Mittel bedienen kann, wobei sie dann bürgerlich-rechtlichen Rechtsregeln untersteht. Dazu ist hervorgehoben, daß dies zweifellos überall zutrifft, wo die Reichspost als Vermögensträgerin bürgerlich-rechtliche Geschäfte abschließt und so anderen privaten Vermögensträgern nicht im Rahmen einer

Über- und Unterordnung, sondern auf gleicher Ebene gegenübertritt. In dem zur Entscheidung stehenden Falle handelt es sich um derartige Geschäfte. Diese würden, ihr rechtswirksames Zustandekommen einmal unterstellt, die Reichspost nicht anders als jeden andern verpflichtet haben.

A. Zur Rechtswirksamkeit der Verpflichtungserklärung.

Für die Rechtswirksamkeit des streitigen Geschäfts ist freilich öffentliches Recht insoweit maßgebend, als sich hiernach die Vertretungsmacht des Oberpostrats Wi. bestimmt, der die Geschäfte für die Reichspost abgeschlossen hat. Die Frage nach der Vertretungsmacht Wi.s hängt aber wiederum eng damit zusammen, ob seiner Behörde, der Oberpostdirektion D., die Befugnis zustand, Verpflichtungserklärungen der hier in Betracht kommenden Art abzugeben. Das Berufungsgericht hat daher zutreffend in erster Reihe die Zuständigkeit der Oberpostdirektion für solche Geschäfte geprüft. Es hat diese aber unter sämtlichen von der Klägerin dafür angeführten Gesichtspunkten verneint. Hierfür ist im Grunde nur eines entscheidend gewesen, nämlich die Bedeutung, welche das Berufungsgericht dem § 1E Nr. 7 der Zuständigkeitsordnung (ZO.) vom 13. März 1928 (PABl. S. 115) beigemessen hat. Es sieht die Zuständigkeitsordnung als eine Rechtsverordnung und die genannte Bestimmung als zwingende Rechtsvorschrift an. Demnach sei dem Reichspostministerium außer der Annahme und Gewährung von Darlehen oder Krediten namentlich auch die Übernahme von Bürgschaften vorbehalten, eine Bestimmung, die sinngemäß auf bürgschaftsähnliche Verpflichtungen nach Art der hier streitigen auszudehnen sei. Dieser Vorbehalt aber müsse der selbständigen allgemeinen Verwaltungsbefugnis, wie sie den Oberpostdirektionen für ihren örtlichen Bereich durch § 3 a. a. O. übertragen sei, vorgehen. Die Oberpostdirektionen hätten die Vertretungsmacht für Bürgschaftsübernahmen und Darlehnsgewährungen also nur durch Übertragung (Delegation) erlangen können. Indessen habe der Reichspostminister eine solche lediglich in dem beschränkten Umfange vorgenommen, der aus den Anlagen 30 und 31 zu § 82 Abschnitt IV 1 der Allgemeinen Dienstanweisung für Post und Telegraphie (ADA.) hervorgehe. Hiernach seien die Oberpostdirektionen einzig und allein ermächtigt, unter ganz bestimmten Voraussetzungen eigene Zwischenkredite an

Bauunternehmer zu geben und Bürgschaften für solche fremden Darlehen zu übernehmen, welche durch Hypotheken sichergestellt und laufend zu tilgen seien. Im vorliegenden Falle sei aber kein Kredit aus Mitteln der Reichspost gewährt oder zugesagt worden; es habe sich hier wie auch in den anderen Fällen um fremde Kredite gehandelt, für die mangels hypothekarischer Sicherung eine Bürgschaftsübernahme eben nicht zulässig gewesen sei. Die von Wi. ausgestellten Verpflichtungsurkunden könnten somit nicht in den Zuständigkeitsbereich der Oberpostdirektion fallen. Die Berufung der Klägerin auf eine dauernde gegenteilige Verwaltungsübung und ein dadurch begründetes Gewohnheitsrecht gehe schon deshalb fehl, weil die Zuständigkeit von Behörden überhaupt nicht zum Gegenstande des Gewohnheitsrechts werden könne; auch sei eine Übung, die sich in Gegensatz zu ausdrücklichen Zuständigkeitsvorschriften setze, mißbräuchlich, und eine solche vermöge niemals Recht zu schaffen. Ebensowenig könne von einer stillschweigenden Duldung des zuständigkeitswidrigen Geschäftsgebarens durch das Reichspostministerium die Rede sein; denn es sei nicht nachgewiesen, daß dieses auch nur in einem einzigen Falle davon Kenntnis erlangt habe. Endlich sei auch die Lehre vom fehlerhaften Staatsakt nicht anwendbar, weil es sich bei den streitigen Vorgängen nicht um Staats- oder Verwaltungsakte, sondern um eine bürgerlich-rechtliche Betätigung gehandelt habe.

Das Berufungsgericht hat sodann geprüft, ob Wi., wenn auch nicht kraft Zuständigkeit, so angesichts der von dem Präsidenten We. ausgestellten Bescheinigung vom 2. Februar 1932, etwa doch kraft Einzelermächtigung oder Vollmacht zur Abgabe der Verpflichtungserklärungen befugt gewesen sei. Auch das ist verneint worden, weil der Präsident auf Wi. keine Befugnisse habe übertragen können, die ihm selbst gefehlt hätten. Das Berufungsgericht hat endlich auch den Gesichtspunkt des Rechtsscheins oder der stillschweigenden Bevollmächtigung schon aus Rechtsgründen nicht für durchschlagend erachtet. Dahinstehen könne, ob die insoweit für den Handelsverkehr entwickelten Grundsätze auf Körperschaften des öffentlichen Rechts anwendbar seien; jedenfalls sei die Anwendung dort ausgeschlossen, wo der durch Gesetz oder Verordnung festgelegte Aufbau der Behörden und die über deren Zuständigkeit rechtsgültig erlassenen Vorschriften solches verböten. Nach der Rechtsprechung des Reichsgerichts (RGZ. Bd. 115 S. 311, Bd. 116 S. 230, Bd. 127 S. 226, Bd. 131 S. 239) sei die Haftung öffentlich-rechtlicher Körperschaften aus dem Gesichtspunkte stillschweigender Bevollmächtigung dann abzulehnen, wenn die mit Rücksicht auf öffentliche Belange gegebene Satzung die Vornahme der Handlung oder die Bevollmächtigung ausschlösse. Erst recht müßten dann aber die zur Wahrung öffentlicher Belange erlassenen Zuständigkeitsvorschriften der Reichsverwaltungen dem Rechtsschein der Vollmacht entgegenstehen, wenn nicht das gesetzlich festgelegte Haushaltsrecht des Reichs und der dadurch gewährleistete Schutz der Allgemeinheit gegen übermäßige Belastungen in Gefahr geraten solle.

Das Berufungsgericht kommt sonach zu dem Ergebnisse, daß für die streitigen Geschäfte keine Vertretungsmacht der Oberpostdirektion, geschweige denn eine solche Wi.s anzunehmen sei.

I. Zur Rechtsnatur der Zuständigkeitsordnung vom 13. März 1928.

Die vorstehenden Erwägungen gehen jedenfalls von einer unzutreffenden Beurteilung der Rechtsnatur der Zuständigkeitsordnung aus. Das Berufungsgericht hält sie für eine Rechtsverordnung, und zwar im Hinblick zunächst auf ihre Veröffentlichung im Amtsblatte des Reichspostministeriums, die den gesetzlichen Bestimmungen genüge, ferner auf die Befugnis des Reichspostministers, derartige Regelungen kraft seiner verfassungsmäßigen Leitungs- und Dienstgewalt zu erlassen, sowie endlich auf die öffentlich-rechtliche Natur der in der Zuständigkeitsordnung enthaltenen Vorschriften.

Richtig ist freilich, daß das Gesetz über die Verkündung von Rechtsverordnungen vom 13. Oktober 1923 (RGBl. I S. 959) für Rechtsverordnungen der Post- und Telegraphenverwaltung nicht mehr als die Veröffentlichung in dem genannten Amtsblatte verlangt. Dem Berufungsgericht ist auch zuzugeben, daß der Reichspostminister die verfassungsmäßige Befugnis zur Abgrenzung der Geschäftsbereiche der ihm unterstellten Behörden besitzt. Denn nach Art. 56 WeimVerf. hatte jeder Minister den ihm anvertrauten Geschäftszweig selbständig und unter eigener Verantwortung zu leiten. Wer aber die Verwaltung zu leiten hat und dafür verantwortlich ist, muß nach natürlicher Anschauung seine Einrichtungen so treffen können, daß er seiner Verantwortung genügen kann (vgl. Urteil des Staatsgerichtshofs vom 12. Dezember 1935, RGZ. Bd. 112 S. 33* [41*]). Endlich kann nicht zweifelhaft sein, daß die Zuständigkeitsordnung eine im Umkreise des öffentlichen Rechts liegende Regelung der Behördengeschäftsbereiche enthält. Deshalb ist sie aber entgegen der Ansicht des Berufungsgerichts nicht schon als Rechtsverordnung anzusehen, da auch gewöhnliche Verwaltungsverordnungen eines in den Bereich des öffentlichen Rechts fallenden Inhalts keineswegs entbehren. Darauf kann der Unterschied zwischen beiden Arten von Verordnungen demnach nicht beruhen. Er hat sich in der Rechtslehre und Rechtsprechung vielmehr auf Grund der staatsrechtlichen Auffassung über die Dreiteilung der Gewalten (Gesetzgebung, Verwaltung, Rechtsprechung) herausgebildet, die in der hier in Betracht kommenden Zeit vor dem Umbruch von grundlegender Bedeutung war. Hiernach ist es gebräuchlich geworden, von einer Rechtsverordnung zu sprechen, wenn die Verwaltung auf denjenigen Gebieten, die der gesetzgebenden Gewalt von Natur aus zustehen oder die sie kraft ihres Vorrangs vor den übrigen Gewalten im Einzelfalle für sich in Anspruch genommen hat, auf Grund einer besonderen Ermächtigung Regelungen im Wege der Verordnung trifft. Doch besteht weder ein Grund dafür, die Abgrenzung des Zuständigkeitsbereichs der Postbehörden den der Gesetzgebung zufallenden Aufgaben beizurechnen, noch hat sich die Gesetzgebung jemals damit befaßt. Dagegen zeigt schon die Ableitung der Befugnis des Reichspostministers zum Erlaß der Zuständigkeitsordnung aus seiner verfassungsmäßigen Leitungs- und Dienstgewalt deutlich, daß die von ihm getroffene Maßnahme denjenigen Angelegenheiten zugehört, die das eigentliche Gebiet der Verwaltung — im Gegensatze zu dem der Gesetzgebung — ausmachen. Schon dieser innere Grund steht der Auffassung des Berufungsgerichts entgegen; es müßte denn sein, daß sich aus der Weimarer Verfassung selbst oder aus späteren Gesetzen das Gegenteil ergibt. Das ist aber nicht der Fall, da es bisher an einer gesetzlichen Umschreibung des Begriffs der Rechtsverordnung fehlt und insbesondere an keiner Stelle der Weimarer Verfassung eine allgemeine Ermächtigung der Reichsminister zum Erlasse von Rechtsverordnungen ausgesprochen ist.

Auch ihrem äußeren Eindruck nach erscheint die Zuständigkeitsordnung als Verwaltungsverordnung gewöhnlicher Art. So fehlt ihr jede Bezugnahme auf eine gesetzliche Ermächtigung, wie sie bei Rechtsverordnungen, wenn auch vielleicht nicht unbedingt erforderlich, so doch gebräuchlich und regelmäßig zu erwarten ist. Außerdem ist sie ihrer Fassung nach deutlich auf den innerdienstlichen Gebrauch abgestellt, mag sie durch ihre Aufnahme in das Postamtsblatt auch der Öffentlichkeit zugänglich gemacht sein. Sie wendet sich schon mit ihrem Vorspruche nur an die nachgeordneten Behörden. Das zeigen die Absätze 7, 8 und 10 des Vorspruchs, worin den Beamten Fingerzeige für die Art der Geschäftsbehandlung gegeben werden, zur Sparsamkeit in der Verwaltungsführung und zur Einschränkung in der Personalbemessung aufgefordert und die „Berichtigung der Dienstwerke" angekündigt wird. Auch der überreichliche Gebrauch der im innerdienstlichen Betrieb üblichen Abkürzungen muß diesen Eindruck verstärken. Zudem umfaßt die Zuständigkeitsordnung zum weitaus überwiegenden Teile Bestimmungen, die für den Außenstehenden völlig belanglos sind. Für diesen enthält die Zuständigkeitsordnung — im Gegensatz zu der früheren Vorläufigen Zuständigkeitsordnung von 1923 — noch nicht einmal einen besonderen Hinweis darauf, inwieweit die Oberpostdirektionen die Verwaltung nach außen hin, insbesondere bei Rechtsgeschäften, zu vertreten haben. Der § 3 Abs. 2 handelt nur davon, inwieweit sie bei ihren „Entscheidungen" frei oder von der Mitwirkung anderer Dienststellen abhängig sind, was völlig auf dem Gebiete der innerbehördlichen Willensbildung liegt und für die äußere Vertretungsmacht noch nichts ergibt. Auch in § 3 Abs. 1 ist von einer Vertretungsbefugnis als solcher nicht die Rede. Rechtlich ist diese allerdings aus der Verwaltungsbefugnis der Oberpostdirektion herzuleiten, aber erst unter Zuhilfenahme des Grundsatzes, daß die Betrauung einer Mittelbehörde mit selbständiger Verwaltungsbefugnis (§ 3 Abs. 1 ZO.) zugleich die Ermächtigung zu dementsprechender rechtsgeschäftlicher Tätigkeit einschließt, auch wenn das nicht besonders bestimmt ist. Eine solche Auswirkung war in § 13 der Preußischen Instruktion zur Geschäftsführung der Regierungen vom 23. Oktober 1817 (GS. S. 248) besonders zum Ausdruck gekommen, und diese Vorschrift greift hier um deswillen sogar unmittelbar Platz, weil sie im Laufe der geschichtlichen Entwicklung zunächst für die in Preußen bestehenden, den Regierungen insoweit gleichgestellten Oberpostdirektionen und später auch für die hinzukommenden Oberpostdirektionen in den anderen Ländern Geltung erlangt hat.

Wenn sich damit auch ergibt, daß die Zuständigkeitsordnung für die Vertretungsbefugnis nach außen hin wirkende Bestimmungen sachlichen Verwaltungsrechts enthält, so hebt sie sich dadurch keineswegs aus der Unzahl ähnlicher Verwaltungsverord= nungen — Geschäftsordnungen, Geschäftsanweisungen usw. — heraus. Diese vermögen allesamt mangels entgegenstehender gesetzlicher Nor= men Recht in der Art zu schaffen, daß dadurch die Zuständigkeit von Behörden zu hoheitsrechtlichen Verrichtungen oder zur rechtsgeschäft= lichen und prozeßrechtlichen Vertretung des Fiskus der Verteilung und Begrenzung nach festgelegt wird. Das ist in der Rechtsprechung des Reichsgerichts stets anerkannt gewesen (vgl. etwa RGZ. Bd. 35 S. 13, Bd. 131 S. 343 [356]; RG Urt. VII 93/09 vom 7. Dezember 1909 in JW. 1910 S. 124 Nr. 34, IV 68/10 vom 26. Januar 1911 in JW. 1911 S. 333 Nr. 37, IV 497/34 vom 18. Februar 1935 in Seuff= Arch. Bd. 89 S. 195; ferner Urteil des V. Zivilsenats vom 1. Juli 1882 in SeuffArch. Bd. 38 S. 240). Daß derartige Bestimmungen nur als Rechtsverordnung erlassen werden könnten, ist nie angenommen worden. Demzufolge hat das Reichsgericht auch nie gefordert, daß sie veröffentlicht werden (vgl. RGZ. Bd. 35 S. 13; JW. 1911 S. 333 Nr. 37).

Im ganzen gesehen besteht demnach kein Anlaß, die Zuständig= keitsordnung als eine Rechtsverordnung aufzufassen, während ent= scheidende Gründe für das Gegenteil sprechen. Diesem Ergebnisse steht nicht entgegen, daß das Reichsgericht die sogen. Benutzungs= ordnungen der Reichspost, und zwar der erkennende Senat noch letzthin die Fernsprechordnung vom 15. Februar 1927 (PABl. S. 65), als Rechtsverordnungen angesehen hat (RGZ. Bd. 155 S. 333). Die Benutzungsordnungen sind auf Grund ausdrücklicher gesetzlicher Ermächtigung und mit Bezugnahme auf diese erlassen worden, wodurch ihre Rechtsnatur klar in Erscheinung tritt.

Freilich ist die Zuständigkeitsordnung nach dem oben Dar= gelegten gleichwohl Quelle sachlichen Rechts. Sie richtet sich zwar nicht an den Kreis der Staatsbürger. Diese müssen aber die Zuständig= keitsregelung, welcher die rechtsgeschäftliche Vertretungsmacht in diesem Falle folgt, trotzdem als bindend hinnehmen. Nur können für die Kenntnis dieser Bestimmungen an den Außenstehenden nicht dieselben Anforderungen gestellt werden, wie bei Gesetzen und Rechtsverordnungen. Auf der anderen Seite war aber auch der Reichspostminister an die Zuständigkeitsregelung nicht derart gebunden, daß er Abweichungen hiervon ebenfalls nur in Form einer Rechts=

Verordnung hätte zulassen können. Dazu stand ihm vielmehr jeder verwaltungsmäßig zulässige Weg frei. Daß die Bestimmungen der Zuständigkeitsordnung in dem hier in Betracht kommenden Umfange nach § 12 EG.z.ZPO. dem revisiblen Recht angehören und daher der Nachprüfung durch das Revisionsgericht unterliegen, kann ebenfalls nicht zweifelhaft sein.

II. Zur Zuständigkeit der Oberpostdirektion.

Sieht man bei der Betrachtung der Zuständigkeitsordnung zunächst einmal von der behaupteten abweichenden Verwaltungsübung ab, und faßt man die Bestimmungen selbst ins Auge, so muß insoweit der Auslegung des Berufungsgerichts zugestimmt werden. Es läßt sich angesichts des Abs. 4 des Vorspruchs zur Zuständigkeitsordnung nicht bestreiten, daß sämtliche in § 1 ZO. genannten Angelegenheiten in dem dort bezeichneten Umfange dem Reichspostministerium vorbehalten sind und daß die sich aus § 3 Abs. 1 ZO. ergebende allgemeine Verwaltungsbefugnis der Oberpostdirektionen innerhalb ihres örtlichen Bezirks dementsprechend eingeschränkt ist. Die Vorbehalte sind schwächerer oder stärkerer Art, je nachdem das Ministerium nur eine grundsätzliche Einflußnahme, eine Genehmigung oder die Erledigung des Dienst- oder Rechtsgeschäfts selbst in der Hand behalten will. Im letztgenannten Falle scheidet die Sache aus dem Machtbereiche der Oberpostdirektionen aus; sie entbehren insoweit jedenfalls der äußeren Vertretungsbefugnis. In § 1 E Nr. 7 ZO. ist dem Reichspostministerium die Annahme und Gewährung von Darlehen oder Krediten sowie die Übernahme von Bürgschaften vorbehalten. Die Zuständigkeitsordnung bietet aus sich heraus keinen Anhalt dafür, daß damit nur eine grundsätzliche und innerdienstliche Einflußnahme des Ministers auf die Vornahme solcher Rechtsgeschäfte gesichert werden soll. Wo solches beabsichtigt ist, kommt dies in der Zuständigkeitsordnung an vielen Stellen besonders zum Ausdruck (z. B. in § 1 A Nr. 18, D Nr. 4, E Nr. 10 und F Nr. 1), und es ist nicht ersichtlich, warum das bei § 1 E Nr. 7 unterbleiben sollte. Aus § 1 D Nr. 7a, wonach sich das Ministerium nur die Regelung grundsätzlicher und allgemeiner Fragen des Dienst- und Mietwohnungswesens vorbehält, ist ebenfalls nach dieser Richtung hin nichts zu entnehmen, selbst wenn man die Wohnungsfürsorge zum Mietwohnungswesen rechnen müßte. Denn der besondere Vorbehalt in § 1 E Nr. 7 würde jener Bestimmung naturgemäß vorgehen. Dieser Vorbehalt ist aber auch nicht etwa — wie z. B. jener in § 1 D Nr. 5 — auf die Erteilung einer Genehmigung, sondern auf die Vornahme der oben erwähnten Rechtsgeschäfte selbst gerichtet, womit sie aus dem Umkreise der Vertretungsbefugnis der Oberpostdirektionen ausgeschieden sind.

Der Grund des Vorbehalts ist leicht verständlich, da schon nach Art. 87 WeimVerf. Sicherheitsleistungen zu Lasten des Reichs nur auf Grund eines Reichsgesetzes übernommen werden durften und nach § 6 Abs. 1 RPFinG. der Verwaltungsrat über die Aufnahme von Krediten sowie die Übernahme von Bürgschaften und ihre Bedingungen zu beschließen hatte, während nach § 9 desselben Gesetzes zur Bestellung von Sicherheiten sowie zur Übernahme von Bürgschaften und Gewährleistungen außerdem noch die Zustimmung des Reichsministers der Finanzen erforderlich war. Wenn diese Bestimmungen im Hinblick auf § 24 der Reichshaushaltsordnung (RHO.) vom 31. Dezember 1922 in der Fassung vom 8. März 1930 (RGBl. II S. 31) die Gültigkeit der vom Minister als Leiter oder der in seiner Vertretung von den zuständigen Behörden für die Deutsche Reichspost abgeschlossenen Geschäfte auch nicht berühren (vgl. Scheda Das Reichspostfinanzgesetz Bem. 1 zu § 6 und die dort angeführten Stellen aus dem Schrifttum), so nötigten sie den Minister dennoch dazu, seine Einflußnahme auf derartige Geschäfte nicht aus der Hand zu geben. Freilich war dazu der Vorbehalt des eigenen Abschlusses nicht schon mit gesetzlicher Notwendigkeit geboten; insoweit hätte an sich auch der Vorbehalt seiner Genehmigung genügt. Indessen ist, wie bereits gesagt, in der Zuständigkeitsordnung von dieser schwächeren Art des Vorbehalts kein Gebrauch gemacht worden.

Die Frage, ob die Oberpostdirektionen trotz des Vorbehalts nach allgemeinen verwaltungsrechtlichen Grundsätzen zur Bürgschaftsübernahme nicht wenigstens innerhalb des Kreises ihrer laufenden Verwaltungsgeschäfte befugt sind, kann dahingestellt bleiben, da die hier in Betracht kommenden Verpflichtungserklärungen schon wegen ihrer außerordentlich großen wirtschaftlichen Bedeutung nicht zu den laufenden Geschäften gehören (vgl. RGZ. Bd. 115 S. 316).

III. Zur Übertragung (Delegation).

Weiter ist zu prüfen, ob und inwieweit der in § 1 E Nr. 7 ZO. ausgesprochene Vorbehalt durch ausdrückliche Übertragung (Delegation) durchbrochen worden ist. Diese Wirkung schreibt die Klägerin den Erlassen des Reichspostministers vom 21. Mai 1924 V M 1002, betreffend die Gewährung von Baudarlehen (Tilgungsdarlehen) und von Baugeld (Zwischenkredit) an fremde Bauunternehmer, sowie vom 23. Dezember 1927 V/VO M 1880, betreffend die Übernahme von Bürgschaften für zweitstellige Tilgungshypothekendarlehen, zu, die freilich beide vor dem Inkrafttreten der Zuständigkeitsordnung (1. April 1928) ergangen sind. Da diese aber keine Rechtsverordnung ist, konnten die Sondererlasse auch formlos in Geltung belassen werden. Das ist dadurch geschehen, daß die entsprechenden Bestimmungen in § 82 ADA. IV 1 nebst den zugehörigen „Grundsätzen" in den Anlagen 30 und 31 nicht geändert worden sind, wenn nicht überhaupt der Inhalt des an zweiter Stelle genannten Erlasses erst nach Inkrafttreten der Zuständigkeitsordnung in die Allgemeine Dienstanweisung eingegangen sein sollte. Die dadurch geschehene Übertragung hat aber sicherlich nicht die unbeschränkte Zuständigkeit der Oberpostdirektionen zur Annahme und Gewährung von Darlehen sowie zur Übernahme von Bürgschaften zur Folge gehabt. Sie war vielmehr nur eine beschränkte, wie sich ohne weiteres aus den Erlassen und der auf ihrer Grundlage beruhenden Neufassung des § 82 ADA. IV 1 sowie aus den dazu gehörigen Anlagen ergibt.

Allerdings kann der Reichspost darin nicht zugestimmt werden, daß die äußere Zuständigkeit der Oberpostdirektionen eng daran gebunden sei, daß alle Einzelvorschriften der „Grundsätze" eingehalten werden. Dasselbe gilt von der Beachtung der vom Reichspostministerium herausgegebenen, bis ins einzelne ausgearbeiteten Allgemeinen Vertragsbedingungen und Vertragsformulare. Eine derartige Verflechtung der Vertretungsmacht mit der Befolgung von weitläufigen Bestimmungen, die sich bis zum offenbar Nebensächlichen erstrecken, kann im Ernste nicht beabsichtigt gewesen sein. Sie würde auch dem Geiste der Wirtschaftsführung der Reichspost, wie er in dem sogenannten Wirtschaftserlasse des Reichspostministers vom 25. Juli 1925 (PABl. S. 385) zum Ausdruck kommt, völlig widersprechen, weil darin eine nur dem Buchstaben der Bestimmungen Rechnung tragende Verwaltungsführung ausdrücklich verworfen wird. Freilich läßt sich nicht ohne weiteres sagen, wo im einzelnen die Grenze zwischen dem insoweit Wesentlichen und dem Unwesentlichen liegt. Dessen bedarf es hier aber auch nicht. Denn jedenfalls muß es sich der Natur der

Sache nach stets um Geschäfte handeln, die sich auf dem Gebiete des Realkredits bewegen. Darüber lassen die Vorschriften, insbesondere die „Grundsätze", keinen Zweifel.

1. So dürfen nach Nr. IV Abs. 1 der Anlage 30 Baudarlehen und Baugeld aus Wohnungsfürsorgemitteln der Reichspost „nur gegen hypothekarische Sicherheit" gegeben werden. Freilich sind in Nr. X ebendort auch Vorschüsse bis zur Höhe einer von dritter Seite zugesagten ersten Hypothek als Baugeld (Zwischenkredit) zugelassen, und derartige Vorschüsse sind ausnahmsweise auch zulässig, wenn die Beschaffung der erststelligen Hypothek bis zur Schlußabrechnung nachweislich nicht möglich ist. Es ist aber ein Irrtum, wenn die Revision meint, daß hierdurch die Grenze zwischen Personal- und Realkredit verwischt werde und die Vorschüsse auch ohne dingliche Sicherung der Reichspost gegeben werden könnten. Das Gegenteil ergibt sich aus Nr. X Abs. 4, wonach die — nur auf Realkredite abgestellten — Darlehnsgrundsätze im übrigen auch für Baugeld (Zwischenkredit) entsprechende Anwendung zu finden haben, und ferner aus der Anmerkung 4 II zur Anlage 30, wo der Wortlaut der für Baugeld vorgesehenen Grundbucheintragung besonders festgelegt ist.

Abzulehnen ist auch die Schlußfolgerung der Revision, daß die Oberpostdirektionen, wenn sie schon einmal Vorschüsse gewähren dürften, auch befugt sein müßten, hierfür unter Schonung der eigenen Kassenmittel andere Geldgeber heranzuziehen, die sich dann nicht darum zu kümmern hätten, ob und inwieweit die Reichspost es für gut befindet, jeweils für ihre Sicherung gegenüber den Vorschußnehmern zu sorgen. Diesem Gedankengange steht entgegen, daß auch die Annahme von Darlehen oder Krediten für die Reichspost in § 1E Nr. 7 ZO. dem Reichspostministerium vorbehalten ist, so daß die Oberpostdirektionen fremdes Geld nicht einmal für unvermeidbare oder zwangsläufige Ausgaben, geschweige denn für Ausgaben freiwilliger Art, um die es sich hier allein handelt, in Anspruch nehmen können. Dementsprechend wird auch in der Anlage 30 unter Nr. X Abs. 2 gesagt, daß der Zwischenkredit „aus dem Wohnungsfürsorgefonds", also aus den eigenen Mitteln der Reichspost bewilligt wird.

So ist denn für die Oberpostdirektionen die Annahme von Darlehen oder Krediten überhaupt nicht zugelassen und die Gewährung von solchen nur innerhalb der Wohnungsfürsorge und vor allem nur auf dem Boden des Realkredits statthaft.

2. Auch die mittelbare Heranziehung fremden Kapitals im Wege von Bürgschaften steht den Oberpostdirektionen nach § 1 E Nr. 7 ZO. grundsätzlich nicht zu. Ausnahmsweise sind sie aber zur Übernahme gewisser Bürgschaften durch den Erlaß vom 23. Dezember 1927 und die auf dieser Grundlage beruhenden Bestimmungen in § 82 ADA. IV 1 nebst der zugehörigen Anlage 31 ermächtigt worden. Die in dieser Anlage zusammengefaßten „Grundsätze" betreffen schon nach ihrer Überschrift und ebenso nach ihrem Inhalte nur eine Bürgschafts=übernahme für Tilgungshypotheken. Sie verweisen im Eingange zudem ausdrücklich auf das Gesetz, betreffend Bürgschaften des Reichs zur Förderung des Baues von Kleinwohnungen für Reichs= und Militärbedienstete, vom 10. Juni 1914 (RGBl. S. 219), wodurch der Reichskanzler ermächtigt war, zur Förderung der Herstellung geeigneter Kleinwohnungen für Arbeiter und gering besoldete Beamte des Reichs und der Militärverwaltungen für Hypothekendarlehen, die von anderer Seite an gemeinnützige Unternehmer gewährt wurden, unter gewissen Bedingungen Bürgschaften zu übernehmen, eine Ermächtigung, die durch § 5 des Übergangsgesetzes vom 4. März 1919 (RGBl. S. 285) auf die Reichsregierung und der Ausübung nach auf die einzelnen Reichsminister übergeleitet ist. Nach alledem ist die Bürgschafts=übernahme für fremde Baugelder ebenfalls auf den Umkreis des Realkredits beschränkt, selbst wenn man davon absieht, diese Beschrän=kung der Übertragung weiter daraus zu folgern, daß zusätzlich auch der Rückgriffsanspruch der Reichspost nach Nr. V der Anlage 31 dinglich zu sichern ist.

Die Bestimmungen in Nr. XII und XIII der Anlage 30 und die damit sinngemäß übereinstimmenden in Nr. VII und VIII der Anlage 31, wonach Anträge auf Gewährung von Darlehen und Bau=geld bei der „zuständigen" oder „der für den Sitz des Darlehn=suchenden zuständigen" Oberpostdirektion einzureichen sind und wonach Vertreterin der Deutschen Reichspost „in allen Fällen" die zuständige Oberpostdirektion sein soll, sind — wie das Berufungsgericht richtig erkannt hat — im Zusammenhange mit dem sachlichen Inhalt der Grundsätze zu verstehen. Sie bedeuten hiernach keine allgemeine und unbeschränkte Ermächtigung zur Darlehnsgewährung oder zur Bürg=schaftsübernahme über das Gebiet des Realkredits hinaus.

Das hiernach die Vertretungsmacht der Oberpostdirektionen vor allem kennzeichnende Merkmal des Realkredits ist sicherlich durchaus deutlich und sachlich bestimmbar, da die Begriffe des Personal- und Realkredits dem Verkehr als Verschiedenheiten geläufig sind.

Die Klägerin hat noch versucht, eine übertragene Zuständigkeit der Oberpostdirektionen aus den Bestimmungen über die Vertretung der Reichspost in Angelegenheiten der streitigen und freiwilligen Gerichtsbarkeit (ADA. I § 3 Abs. 1 und § 4 Abs. 1 sowie Erlaß des Reichspostministers vom 8. Mai 1928 PABl. S. 237) herzuleiten. Grundsätzlich aber braucht sich die Befugnis einer Behörde zur Vertretung des Fiskus vor Gericht nicht mit dem sonstigen sachlichen Umfang ihrer Geschäfte zu decken (vgl. RGUrt. IV 68/1910 vom 26. Januar 1911 in JW. 1911 S. 333 Nr. 37). Wenn auch durch die eben erwähnten Bestimmungen die Präsidenten der Oberpostdirektionen u. a. zur Vertretung der Deutschen Reichspost in allen „Grundbuchangelegenheiten" ermächtigt worden sind, die sich aus der Ausführung von Verträgen über Grundstückskäufe usw. sowie aus der Übernahme von Bürgschaften der Deutschen Reichspost für Baudarlehen ihrer Beamten und sonstigen Bediensteten ergeben, so ist daraus für die sachliche Ermächtigung zur Vornahme der schuldrechtlichen Geschäfte, die zu den grundbuchlichen Erklärungen führen, nichts zu folgern. Nach alledem vermögen die bestehenden Bestimmungen die Vertretungsmacht der Oberpostdirektion zur Eingehung der streitigen Verpflichtungen nicht zu rechtfertigen.

IV. Zur Verwaltungsübung (Gewohnheitsrecht).

Zu fragen bleibt, ob das gewonnene Ergebnis durch die behauptete gegenteilige Verwaltungsübung umgestoßen wird. Die Klägerin hat insoweit behauptet, daß Bürgschaftsverträge durchweg nicht oder doch nur in Ausnahmefällen von allgemeiner oder überragender Bedeutung durch den Reichspostminister abgeschlossen würden. Für diesen sei es aus technischen Gründen auch unmöglich, sich damit in weitergehendem Maße zu befassen. Er habe sich daher zu diesem Zwecke der Oberpostdirektionen bedienen müssen und bedient. In deren Hand habe der Abschluß von Bürgschaftsverträgen, und zwar auch von solchen für zweitstellige Tilgungshypothekendarlehen, schon gelegen, bevor der Erlaß vom 23. Dezember 1927 ergangen sei. Im übrigen seien nicht nur von der Oberpostdirektion D., sondern auch von den anderen Oberpostdirektionen des Reichsgebiets in weitem Umfange zur Sicherung nicht hypothekarischer Darlehen Bürgschaften übernommen und selbständige Schuldverpflichtungen ausgestellt worden.

Soweit dieses Vorbringen dahin zu verstehen ist, die Oberpostdirektionen hätten sich aus eigener Machtvollkommenheit vielfach über den Vorbehalt in § 1E Nr. 7 ZO. und über die Grenze der bereits (oben A III) erörterten Übertragung hinweggesetzt, kann dadurch ihre Vertretungsbefugnis nicht erweitert sein. Es würde sich solchenfalls, wie das Berufungsgericht zutreffend betont, um einen Mißbrauch handeln; dieser könnte den durch die Zuständigkeitsbestimmungen geschaffenen Rechtszustand nicht umgestalten, selbstverständlich auch nicht unter dem Gesichtspunkte des Gewohnheitsrechts. Denn die Ordnung der Zuständigkeiten innerhalb der Reichspostverwaltung beruht, wie schon dargelegt, auf der verfassungsmäßigen Leitungsgewalt des Reichspostministers, gegen dessen Willen eine Verwaltungsübung sich auch in Form gewohnheitsrechtlicher Bildung nicht durchsetzen könnte.

Soweit das Vorbringen aber darauf hinausläuft, daß der Minister seinerseits eine von den Bestimmungen abweichende Verwaltungsübung zugelassen habe, liegt die Sache anders. Schon oben (A I am Ende) ist dargelegt, daß der Minister nicht starr an die Zuständigkeitsordnung gebunden ist. Er vermag die für ihn gemachten Vorbehalte zu lockern oder aufzuheben, und es ist nicht undenkbar, daß das auch durch seine Beteiligung an der Herausbildung einer abweichenden allgemeinen Handhabung geschehen kann. Aus diesem Grunde würde der Reichspost die Berufung auf einen Vorbehalt zugunsten des Ministers dann versagt sein, wenn der Vorbehalt tatsächlich aufgegeben und nur noch auf dem Papier vorhanden wäre. Das Berufungsgericht hat das freilich verkannt, da es die Zuständigkeitsordnung — unzutreffend — als Rechtsverordnung ansieht und offenbar davon ausgeht, daß Abweichungen hiervon wiederum nur in der Form einer solchen Verordnung zugelassen werden können. Indessen kann nach den tatsächlichen Feststellungen des Berufungsgerichts keine Rede davon sein, daß das Reichspostministerium — in völliger Abkehr von dem Gesetze vom 10. Juni 1914 und dem darauf aufgebauten Erlasse vom 23. Dezember 1927 — den Oberpostdirektionen etwa freie Hand habe lassen wollen, kraft eigner Entschließung auch Bürgschaften oder Selbstzahlungsverpflichtungen für dinglich ungesicherte fremde Baudarlehen zu übernehmen, und daß es je daran gedacht hätte, insoweit den Vorbehalt in § 1E Nr. 7 ZO. aufzugeben. Das Berufungsgericht hat insbesondere keine Anhaltspunkte dafür vorgefunden, daß das Ministerium von den in D. vorgekommenen Fällen dieser Art vor Ende Mai 1933 irgend etwas erfahren habe. Ferner hat das Berufungsgericht auf Grund allgemeiner Erwägungen rechtsirrtumsfrei angenommen, daß das Ministerium gegen jede Oberpostdirektion wegen solchen eigenmächtigen Verhaltens eingeschritten wäre, wenn es davon Kenntnis erlangt hätte. Demgegenüber kommt es nicht darauf an, ob auch bei anderen Oberpostdirektionen wirklich derartige Fälle vorgekommen sind, von denen übrigens während des langdauernden Rechtsstreits auch nicht ein einziger angegeben worden ist.

Demnach bleibt nur die Behauptung, daß das Reichspostministerium sich für die Erledigung der nicht übertragenen Rechtsgeschäfte durchweg der Oberpostdirektionen bedient habe. Insoweit ist zuzugeben, daß erfahrungsgemäß die Ministerien des Reichs und auch Preußens schon seit langem nicht mehr in der Lage sind, sich — abgesehen von Fällen allgemeiner oder überragender Bedeutung — mit Vertragsverhandlungen und Vertragsabschlüssen selbst zu befassen. Daher besteht die Übung, die Vorbereitung solcher Geschäfte und auch ihren Vollzug für den Minister — d. h. an seiner Stelle oder in seinem Namen — den Mittelbehörden zu übertragen, die den örtlichen Gegebenheiten zudem auch näher stehen. Nicht anders werden sich die Verhältnisse beim Reichspostministerium entwickelt haben. Schon in der Abhandlung von Scholz aus dem Jahre 1903 „Die Prozeßvertretung des Reichs- Post- und Telegraphenfiskus" (Gruchot Bd. 47 S. 556), auf welche sich die Reichspost selbst mehrfach berufen hat, ist dargelegt, daß nach der damaligen Geschäftsordnung „die Erwerbung, der Verkauf oder die sonstige Abtretung von Grundstücken oder Teilen" zwar dem Minister vorbehalten war, daß aber nach der praktischen Übung die Oberpostdirektionen die schuldrechtlichen Verträge unter dem Vorbehalte der Genehmigung des Ministers abschlossen und daß sie insoweit auch als zuständig anzusehen wären (a. a. O. S. 572 Bem. 33). Das hat offenbar später dazu geführt, daß sich der Minister nur noch die Genehmigung solcher Verträge vorbehielt (zuletzt in § 1D Nr. 5a ZO.). Jedenfalls hat die Reichspost nicht in Abrede gestellt, daß auch bei ihr für nicht allgemein übertragene ortsgebundene Rechtsgeschäfte die Oberpostdirektionen zur

Vorbereitung und zum Abschluß herangezogen werden. Der Vorbehalt des eigenen Abschlusses durch das Reichspostministerium schwächt sich so freilich tatsächlich nach der Richtung der Genehmigungsbedürftigkeit der Geschäfte ab. Welche rechtlichen Folgen daraus auch sonst zu ziehen sein mögen, so bleibt doch dadurch, daß die Oberpostdirektionen mit dem Vorbehalt der noch zu erteilenden oder auf Grund bereits erteilter Genehmigung abschließen, also nicht aus eigener Machtvollkommenheit, sondern an Stelle des Ministers handeln, dessen vorbehaltene Abschlußberechtigung gewahrt. Keinesfalls läßt sich daraus eine unbeschränkte Vertretungsbefugnis der Oberpostdirektionen ableiten.

V. Fehlerhafte Verwaltungsakte.

Das Berufungsgericht hat geglaubt, zwischen der Vertretungsbefugnis der Oberpostdirektion und derjenigen Wi.s in seiner Eigenschaft als Sachbearbeiter besonders unterscheiden zu müssen. Das war überflüssig, zumal die Reichspost erklärt hatte, daß der Sachbearbeiter einer Oberpostdirektion im Rahmen seines Sachgebiets in Vertretung des Präsidenten Vertretungsmacht besitze, eine Auffassung, die durchaus den Bestimmungen in §§ 7 und 60 der Rahmengeschäftsordnung für die Oberpostdirektionen (RGO.) entspricht. Im Revisionsverfahren ging die Auffassung der Reichspost übrigens allgemein dahin, daß jeder Sachbearbeiter die Befugnisse seiner Behörde wirksam ausüben könne, ohne daß der Außenstehende insoweit zwischen den einzelnen Sachbearbeitern zu unterscheiden brauche. Etwas anderes würde auch rechtlich nicht zu vertreten sein. Demnach deckte sich die Vertretungsbefugnis Wi.s zur Übernahme von Bürgschaften oder bürgschaftsähnlichen Verpflichtungen dem Umfange nach mit den Befugnissen seiner Behörde. Sie war nicht geringer; keinesfalls aber konnte sie größer sein. Die Bescheinigung We.s vom 2. Februar 1932 vermag daran nichts zu ändern, selbst wenn man sie im Sinne der Klägerin versteht. Die Klägerin ist der Ansicht, daß sie eine weitergehende Ermächtigung enthalte und als ein Akt staatlicher Hoheitsverwaltung trotz etwaiger Fehlerhaftigkeit rechtlich wirksam sei. In der Rechtsprechung ist allerdings anerkannt, daß unrechtmäßige Verwaltungsakte nicht schlechthin nichtig, sondern unter Umständen geeignet sind, nach außen hin ähnliche Wirkungen wie rechtmäßige zu entfalten. So hat der erkennende Senat z. B. angenommen, daß die

Einziehung freiwilliger Beiträge für die Invalidenversicherung im Wege eines gesetzlich abgeschafften, aber durch die Ortsbehörde mit Billigung der Landesversicherungsanstalt trotzdem beibehaltenen Einziehungsverfahrens die Versicherten ebenso befreit, als wenn das Einziehungsverfahren noch gesetzmäßig gewesen wäre (RGZ. Bd. 156 S. 220 [236, 238]). Diese dem Verfahren nach ungesetzliche Entgegennahme an sich rechtmäßiger Beitragsleistungen kann aber nicht verglichen werden mit einer zwar äußerlich erklärten, aber der rechtlichen Grundlage entbehrenden Ermächtigung eines Beamten durch seinen Behördenvorstand, Verpflichtungen für das Reich einzugehen. Insoweit ist es selbstverständlich, daß der Behördenvorstand nur solche Befugnisse übertragen kann, die ihm selbst zustehen. Die gegenteilige Wirkung tritt aber auch nicht dadurch ein, daß eine solche Ermächtigungserklärung ein Verwaltungsakt ist; denn die Zuständigkeitsbestimmungen regeln ausschließlich und endgültig, durch wen das Reich im rechtsgeschäftlichen Kreise vertreten wird. Diese Regelung kann durch Verwaltungsakte unbefugter Stellen in keiner Richtung durchbrochen werden. Schon hieran muß auch der weitere Versuch der Klägerin scheitern, die Wirksamkeit der Verpflichtungserklärungen Wi.s damit zu begründen, daß auch sie Verwaltungsakte — wenn auch vielleicht fehlerhafte — seien.

Soweit die Revision sich noch auf die Befugnis Wi.s zur Ausstellung von Kassenanweisungen beruft und daraus folgert, er habe, wenn er schon Zahlungen in jeder Höhe anweisen konnte, auch jede Bürgschaft eingehen dürfen, so ist das ein offenbarer Trugschluß. Kassenanweisungen haben eine rein innerdienstliche Bedeutung und bilden die Voraussetzung dafür, daß die Kasse Zahlungen vornimmt. Den Rechtsgrund der Zahlungen berühren sie nicht. Deshalb sind sie für die Vertretungsbefugnis der Behörde nach außen hin bedeutungslos.

VI. Zum Rechtsschein (Treu und Glauben).

Muß hiernach die Frage nach der Vertretungsmacht der Oberpostdirektion — und demzufolge auch Wi.s — verneint werden, so fragt sich weiter, ob die Klägerin ihren Erfüllungsanspruch nicht wenigstens auf den — wie sie meint — vorhandenen „Rechtsschein" einer solchen Vertretungsmacht oder allgemein auf den Gesichtspunkt von Treu und Glauben stützen kann.

1. Zuzugeben ist, daß infolge der außerordentlichen Häufigkeit der Zuständigkeitsüberschreitungen Wi.s und infolge der langen Zeitdauer, während der er dieses Verhalten ungehindert fortsetzte, nach außen hin der Eindruck entstehen konnte, daß alles ordnungsmäßig verliefe. Eine vermutete Ermächtigung im Sinne der feststehenden reichsgerichtlichen Rechtsprechung läßt sich daraus aber nicht ableiten. In dieser ist anerkannt, daß bei dauernd ausgeübten Vertretungen unter Umständen aus dem äußeren Verhalten des Vertretenen geschlossen werden darf, ihm habe das Auftreten des Vertreters nicht verborgen bleiben können und dieses werde von ihm gebilligt, ohne daß von Belang ist, ob der Vertretene die rechtsgeschäftliche Tätigkeit des Vertreters wirklich gekannt oder geduldet hat (RGZ. Bd. 65 S. 292 und Bd. 117 S. 165). Der Vertretene, auf dessen äußerlich in Erscheinung getretenes Verhalten abzustellen wäre, könnte hier nur der Reichspostminister sein; denn von ihm hätte jede den Zuständigkeitsbereich der Oberpostdirektion erweiternde Ermächtigung ausgehen müssen. Ohne seine irgendwie erkennbar gewordene Beteiligung würde demnach die Annahme einer vermuteten Ermächtigung nicht zu rechtfertigen sein. Im allgemeinen wird zwar vorausgesetzt werden dürfen, daß ein Geschäftsgebaren, wie es Wi. geübt hat, innerhalb einer ordnungsmäßig geführten Verwaltung den Augen des Ministeriums nicht verborgen bleibt. Aber Wi. hat geflissentlich hinter dem Rücken seiner Vorgesetzten gehandelt und seine Verstöße durch Täuschungshandlungen, insbesondere durch Unterdrückung von Akten, vor ihren Augen zu verbergen gewußt. Nach dem Berufungsurteil hat sich nicht nur nicht das geringste dafür ergeben, daß das Ministerium Kenntnis von seinen Zuständigkeitsüberschreitungen hatte, vielmehr ist auch festgestellt, daß es anderenfalls sofort eingeschritten wäre. Unter diesen Umständen fehlt es an einem Zutun des Ministeriums, welches den Zuständigkeitsüberschreitungen äußerlich den Eindruck des Erlaubten hätte verschaffen können.

Dazu kommt, daß die in der Rechtsprechung des Reichsgerichts entwickelten Grundsätze über die vermutete Vollmacht nur für den Verkehr mit Kaufleuten oder mit wirtschaftlichen Betrieben aufgestellt sind, die — ohne gerade handelsrechtlich zu den kaufmännischen zu zählen — in ihrer tatsächlichen Ausgestaltung von solchen nicht verschieden sind (vgl. die zuletzt angeführten Entscheidungen und RGUrt. VI 404/26 vom 25. Januar 1927 in JW. 1927 S. 1089 Nr. 8). Die

Reichspost gehört hierzu nicht. Sie hat auch durch das Reichspostfinanzgesetz nicht die Rechtsnatur eines bürgerlich-rechtlichen Wirtschafts- und Erwerbsunternehmens erlangt. Zwar wird sie — wie es in dem Erlaß des Reichspostministers, betreffend Wirtschaftspolitik der Deutschen Reichspost, vom 25. Juli 1925 (PABl. S. 385) heißt — nach kaufmännisch-wirtschaftlichen Grundsätzen geleitet mit dem Ziel, ihre Einrichtungen sowohl wie den Geist ihrer Beamtenschaft an neuzeitlichen Forderungen auszurichten und als Wirtschaftskörper immer enger mit dem allgemeinen Wirtschaftsleben zu verwachsen. Daraus lassen sich an dieser Stelle aber keine Folgerungen zu Gunsten der Klägerin ziehen. Jedermann weiß, daß die Reichspost kein gewöhnliches Geschäftsunternehmen, sondern eine Behörde ist und daß sie als solche organisiert sein muß. Wenn es sich um den Abschluß fiskalischer Rechtsgeschäfte mit Behördenstellen der Reichspost handelt, wird der andere Teil bei der Prüfung der Vertretungsmacht demnach nicht von handelsrechtlichen Anschauungen, sondern mit Recht von der behördlichen Zuständigkeitsordnung ausgehen. Diese bildet aber, wie bereits hervorgehoben ist (oben A V), zugleich in Verbindung mit allgemeinen oder besonderen Übertragungen die ausschließliche Grundlage dafür, ob die Behördenstelle rechtswirksame Verpflichtungen für die Verwaltung übernehmen kann. Daß eine abweichende, vom Ministerium zugelassene Verwaltungsübung zu anderen Ergebnissen zu führen vermag, ist ebenfalls bereits dargelegt (oben A IV); in diesem Falle treten die Zuständigkeitsbestimmungen als solche außer Kraft, so daß es sich dabei nicht um bloßen Rechtsschein handelt.

Die hier vertretene Auffassung folgt der ständigen Rechtsprechung des Reichsgerichts, in der stets die Ausschließlichkeit derjenigen öffentlich-rechtlichen Vorschriften und Satzungen anerkannt ist, welche die Vertretung der öffentlich-rechtlichen Körperschaften, insbesondere der gemeindlichen Sparkassen, auf bürgerlich-rechtlichem Gebiete regeln, und zwar mit der Folge, daß eine Vertretungsmacht aus anderweitigen Tatbeständen nicht zur Entstehung gelangt (vgl. u. a. RGZ. Bd. 127 S. 226 [228/229], Bd. 146 S. 42 [49], Bd. 157 S. 207 [212]). Eine ähnliche Wirkung kann den für die Reichs- und Staatsverwaltungen erlassenen Anordnungen dieser Art nicht abgesprochen werden. Soweit dem Verkehre hierdurch Erschwerungen in der Nachprüfung der Vertretungsmacht entstehen, ist stets betont worden, daß diese in Kauf zu nehmen sind und die Rechtsprechung daran nichts ändern kann (vgl. RGZ. Bd. 115 S. 311 [315], Bd. 116 S. 247 [254], Bd. 146 S. 42 [52], Bd. 157 S. 207 [213]). Der Klägerin wird dadurch nichts Unbilliges und auch nichts grundsätzlich anderes zugemutet, als sie aus ihrem eigenen Rechtsempfinden heraus getan haben will. Sie behauptet, sich wegen der Vertretungsmacht Wi.s bei der Oberpostdirektion erkundigt zu haben. Ob ihr daraus Schadensersatzansprüche erwachsen sind, wird noch zu erörtern sein.

2. Die Zuständigkeit der Oberpostdirektion läßt sich auch nicht allgemein auf den Gesichtspunkt von Treu und Glauben stützen. Dazu reichen Vorgänge bei der Oberpostdirektion für sich allein genommen schon grundsätzlich nicht aus. Denn diese ist, wie bereits gesagt, eine nachgeordnete und in ihrer Vertretungsmacht bestimmten Beschränkungen unterworfene Behörde, die solche Beschränkungen nicht schon aus sich heraus abstreifen kann. Bloße Billigkeitserwägungen können daran nichts ändern. Selbst wenn die Oberpostdirektion sich in Fällen ihrer Unzuständigkeit etwa nach außen hin ausdrücklich als zuständig bezeichnet haben würde, müßte das für die Frage nach der wirklich bestehenden Zuständigkeit bedeutungslos sein. Dasselbe gilt natürlich von ihrem sonstigen Verhalten, auch wenn dieses nach Treu und Glauben als Inanspruchnahme der Zuständigkeit zu verstehen wäre. Vielmehr kann in diesem Zusammenhange wiederum nur das Verhalten des Reichspostministeriums entscheidend sein, und insoweit freilich müßte die Reichspost dessen Handlungen und Erklärungen nach Treu und Glauben so gegen sich gelten lassen, wie sie der, den sie angehen, auffassen durfte (RGZ. Bd. 130 S. 97 [99]). Das Ministerium hatte aber unmißverständliche Vorschriften über die Abgrenzung der Zuständigkeitsbereiche der Oberpostdirektionen erlassen. Es hatte namentlich die Grundsätze, nach denen sich die Gewährung von Baudarlehen und Zwischenkrediten sowie die Übernahme von Bürgschaften regelt, in besonderen, für die Unterrichtung der Beteiligten im Einzelfalle bestimmten Druckblättern zusammengefaßt. Nach den Feststellungen bestehen auch keine Anhaltspunkte dafür, daß das Ministerium die Zuständigkeitsüberschreitungen, die hinter seinem Rücken geschahen, irgendwie gekannt, geduldet oder insoweit ein Einschreiten versäumt hätte. Schon deshalb kann von einem Verstoße gegen Treu und Glauben nicht die Rede sein, wenn sich die Reichspost auf die Rechtsunwirksamkeit der streitigen Verpflichtungserklärungen beruft. Die

Einrede unerlaubter Rechtsausübung steht ihr keinesfalls entgegen. Ohne Erfolg beruft sich die Klägerin auf die reichsgerichtliche Entscheidung vom 27. Februar 1936 VI 393/35 (JW. 1936 S. 1826 Nr. 3). Diese nimmt zwar an, daß eine öffentlich-rechtliche Körperschaft sich auf die Rechtsunwirksamkeit einseitiger Verpflichtungserklärungen nicht berufen könne, wenn die „zuständigen" Beamten versäumt haben, den gesetzlichen Formvorschriften zu genügen, die für die rechtmäßige Vertretung der Körperschaft aufgestellt sind. Aber es handelte sich in jenem Falle nicht um eine nachgeordnete unzuständige Behördenstelle, sondern um die Mitglieder, die dem an sich zuständigen Vertretungsorgan der Körperschaft angehörten, und auch lediglich darum, daß es an der nach § 81 Abs. 3 der Rheinischen Kreisordnung erforderlichen zweiten Unterschrift eines Kreisausschußmitglieds fehlte.

VII. Zur nachträglichen Genehmigung.

Die Klägerin meint, die streitige Verpflichtungserklärung müßte zum wenigsten als nachträglich genehmigt angesehen werden; denn sie habe die Entgegennahme dieser Erklärung schriftlich bestätigt, und diesem Schreiben sei nie widersprochen worden. Das Berufungsgericht erachtet jedoch für unbewiesen, daß ein solches Bestätigungsschreiben zur Kenntnis der Vorgesetzten Wi.s oder eines Beamten des Reichspostministeriums gelangt sei; denn Wi. habe ihm behändigte Bestätigungsschreiben unterdrückt; soweit jedoch Bestätigungsschreiben durch besondere Boten im Dienstgebäude der Oberpostdirektion abgegeben worden seien, stehe nicht fest, ob sich darunter gerade dasjenige der Klägerin befunden habe.

Der Revision ist zuzugeben, daß diese Erwägungen rechtsirrtümlich sind. Es kommt nicht darauf an, ob die Schreiben den Vorgesetzten Wi.s zur Kenntnis gelangt, sondern ob sie der Oberpostdirektion zugegangen sind. Ist das auf ordnungsmäßigem Wege geschehen, so war die Behörde für das weitere Schicksal der Schreiben verantwortlich. Sie kann sich nicht auf eine ordnungswidrige Behandlung der Schreiben durch ihre Beamten oder Angestellten berufen; denn dafür hat sie einzustehen. Daß die durch besondere Boten im Dienstgebäude der Oberpostdirektion abgelieferten Schreiben ordnungsmäßig zugegangen sind, ist nicht zweifelhaft und wird auch vom Berufungsgericht angenommen. Ebenso bestehen aber auch keine

Bedenken, soweit Schreiben bei den Geschäftsabschlüssen im Dienstzimmer Wi.s diesem selbst ausgehändigt worden sind. Wi. hätte die Annahme zwar ablehnen und die Überbringer an die Eingangsstelle verweisen können. Nahm er die Schreiben aber dienstlich in Empfang, so ist nicht einzusehen, warum er dazu nicht berechtigt gewesen sein sollte. Die Schreiben gelangten auch auf diesem Wege in die Verfügungsgewalt der Behörde und waren ihr demzufolge zugegangen. Dasselbe gilt für die Fälle, in denen Bestätigungs- oder andere Schreiben an die Oberpostdirektion gelangt sind, die deren Anschrift mit dem Zusatze „zu Händen des Oberpostrats Wi." trugen. Auch diese wiesen sich durch die Anschrift als dienstliche aus und gingen der Behörde mit der Ablieferung zu. Daß die spätere Rundverfügung des Reichs- und Preuß. Ministers des Innern vom 20. Februar 1935 (DJ. 1935 S. 394), welche der Übung entgegentrat, den Schriftwechsel zwischen Behörden unter der persönlichen Anschrift der Sachbearbeiter zu führen, hier ohne Bedeutung ist, bedarf keiner Ausführung. Sachliche Vorteile ergibt ein Bestätigungsschreiben für die Klägerin freilich nicht. Denn für das bestätigte Geschäft war die Oberpostdirektion unzuständig. Daher würde auch ihre etwa zu unterstellende nachträgliche Zustimmung wirkungslos sein.

So ist dem Berufungsgericht im Ergebnis darin beizutreten, daß der Klägerin unter keinem der rechtlich möglichen Gesichtspunkte Erfüllungsansprüche gegen die Reichspost zustehen.

B. Zur Schadensersatzpflicht.

Die hilfsweise erhobenen Schadensersatzansprüche vertraglicher und außervertraglicher Art hat das Berufungsgericht ebenfalls abgelehnt. Da die dafür maßgebenden Gründe jedoch der Nachprüfung nicht standhalten, muß die Revision insoweit zur Aufhebung des Berufungsurteils und zur Zurückverweisung der Sache führen.

I. Zum Auskunftsvertrage.

Die Schadensersatzansprüche sind zunächst auf unrichtige Auskunftserteilung gestützt.

In dieser Hinsicht ist die ihrem Wortlaut nach im Tatbestande mitgeteilte Bescheinigung des Präsidenten We. vom 2. Februar 1932 besonders wichtig. Bei ihrer Würdigung hat das Berufungsgericht Beweggrund und Zweck, die We. bei der Ausstellung der Bescheinigung geleitet haben mögen, geprüft. Diese sind jedoch für die Auslegung von untergeordneter Bedeutung gegenüber dem Inhalt der Bescheinigung selbst und dem Eindruck, der dadurch im redlichen Geschäftsverkehr erweckt werden mußte. Das hat das Berufungsgericht völlig außer acht gelassen. Es ist daher mit seiner auf rein förmliche Begriffe abgestellten Wortauslegung zu unhaltbaren Ergebnissen gelangt.

Würde die Bescheinigung lediglich die Bekanntgabe enthalten, daß Wi. der derzeit zuständige Sachbearbeiter für Grundstücks- und Wohnungsfürsorgeangelegenheiten und als solcher zur Vertretung der Reichspost und zur Abgabe rechtsverbindlicher Unterschriften befugt sei, so würde niemand auf den Gedanken verfallen, darin mehr als einen Ausweis Wi.s nach seiner Person und amtlichen Stellung zu erblicken, ohne etwa anzunehmen, daß damit seine Befugnisse genau umschrieben werden sollten. Aber ein solches Gepräge, das dem Berufungsgericht vorgeschwebt haben mag, trägt die Bescheinigung gerade nicht. Wi. wird darin nicht als „der" Sachbearbeiter vorgestellt. Die Kenntnis davon, daß er diese Eigenschaft besitze und welches Sachgebiet er verwalte, setzt die Bescheinigung im Gegenteil bei den Lesern als vorhanden voraus. Ihr Schwergewicht liegt daher ausschließlich in der Angabe der Befugnisse Wi.s. Das war auch der Punkt, der seine Verhandlungspartner schon wegen der großen wirtschaftlichen Bedeutung der Rechtsgeschäfte, die er abzuschließen hatte, vor allem anderen angehen mußte. Die Bescheinigung trägt die Gestalt eines Zeugnisses über den Umfang der Befugnisse Wi.s und muß von dem unbefangenen Leser jedenfalls in diesem Sinne verstanden werden. Anderenfalls wäre sie auch gar nicht dazu geeignet gewesen, von Wi. mißbräuchlich nach dieser Richtung hin gegenüber bedeutenden Bankinstituten verwendet zu werden. (Wird näher ausgeführt. Dann wird fortgefahren:) Die Bescheinigung enthielt keineswegs, wie das Berufungsgericht meint, eine richtige, geschweige denn eine vollständige Auskunft. Sie war vielmehr irreführend und falsch.

Der Präsident We. kann dieserhalb — sofern seine Unterschrift einwandfrei zustandegekommen sein sollte — von einem Verschulden nicht freigestellt werden. Es ist davon auszugehen, daß die Vertragspartner von Behörden verpflichtet sind, sich über die Vertretungsmacht der Behörde und der für sie auftretenden Behördenmitglieder zu vergewissern, letzteres wenigstens insoweit, ob diese zum Kreise der vertretungsberechtigten Beamten gehören. Dafür sind aber vielfach Bestimmungen maßgebend, die sich der allgemeinen Kenntnis entziehen, so daß der Verkehr in weitem Umfang auf die Auskunft der dazu berufenen Behördenstellen angewiesen ist. Wie die Reichspost nicht in Abrede stellt, gehört es zu den Aufgaben des Präsidenten einer Oberpostdirektion, verbindliche Auskünfte über die Zuständigkeitsabgrenzungen bei der Reichspost zu erteilen. Damit verbindet sich aber die Pflicht, dies mit derjenigen Sorgfalt zu tun, welche die besondere Schutzbedürftigkeit des Verkehrs verlangt. Seine Auskünfte müssen daher klar und vollständig, dürfen aber vor allem nicht zur Irreführung geeignet sein. Diesen Anforderungen hat We. mit der Bescheinigung nicht in vollem Umfange genügt. Es kann ihn nicht schlechthin entschuldigen, daß er nicht geahnt haben mag, zu welchen Zwecken Wi. die Bescheinigung mißbrauchen würde; denn bei einiger Überlegung hätte er sich sagen müssen, daß die Bescheinigung keinesfalls ausreichte, um den Aufklärung heischenden Personen ein zutreffendes Bild von den Befugnissen Wi.s zu geben.

Soweit Wi. ohne besondere Anweisung des Präsidenten für den einzelnen Fall von der Bescheinigung als Ausweis Gebrauch gemacht hat, war in erster Reihe er derjenige, der jeweils diese Auskünfte erteilte und von dem sie auch vorher erbeten waren. Das würde freilich nicht ausschließen, auch in diesen Fällen den Präsidenten We. insoweit als Urheber der Auskünfte anzusehen, als dabei die von ihm ausgestellte Bescheinigung verwendet worden ist, und auch aus diesem Grunde eine vertragliche Haftung der Reichspost zu bejahen. Dazu kann auf RGZ. Bd. 114 S. 289 verwiesen werden. Immerhin läßt sich aus den Auskunftsfällen, an denen We. oder Wi. beteiligt sind, noch nicht ohne weiteres ein vertraglicher Schadensersatzanspruch herleiten. Nach feststehender Rechtsprechung sind Auskunftshandlungen Vorgänge tatsächlicher und nicht rechtsgeschäftlicher Art (RGZ. Bd. 157 S. 228 [233]). Sie können erst im Rahmen eines Auskunftsvertrags zu Erfüllungshandlungen werden. Ein Auskunftsvertrag kann indessen schon durch die Rückfrage und die Erteilung der Antwort zustandekommen. Dafür ist entscheidend, ob die obwaltenden Umstände unter Berücksichtigung der Verkehrsübung und des Verkehrsbedürfnisses den Rückschluß erlauben, daß beide Seiten die Auskunft zum Gegenstande vertraglicher Rechte und Pflichten machen wollen (RGZ.

Bd. 131 S. 239 [246]). Ob hiernach vertragliche Bindungen dieser Art zwischen der Reichspost und der Klägerin entstanden sind, ist Sache der tatrichterlicher Würdigung, welcher sich das Berufungsgericht nicht unterzogen hat.

Selbstverständlich setzen rechtswirksame Auskunftsverträge voraus, daß We. oder Wi. dazu die erforderliche Ermächtigung besaßen. Für We. kann das, wie bereits hervorgehoben ist, nicht zweifelhaft sein. Dagegen will das Berufungsgericht offensichtlich die Befugnis Wi.s, seine eigene Zuständigkeit zu beauskunften, schlechthin verneinen. Es sieht seine Auskünfte nicht als solche „der Reichspost" an. Diese Erwägungen sind von Rechtsirrtum nicht frei. Es ist begrifflich keineswegs ausgeschlossen, daß ein Beamter dazu berufen sein kann, über seine eigene Zuständigkeit rechtsgeschäftlich verbindliche Auskünfte zu erteilen. In jeder Verwaltung müssen Stellen zur Erteilung verbindlicher Auskünfte über Zuständigkeitsfragen vorhanden sein, um dem Verkehrsbedürfnisse zu genügen. Bei der Reichspost ist diese Befugnis keineswegs etwa allein dem Ministerium vorbehalten. Vielmehr hat die Reichspost, wie schon erwähnt, selbst den Standpunkt eingenommen, daß die Erteilung solcher Auskünfte auch in den Aufgabenkreis der Oberpostdirektionspräsidenten fällt. Diese geben also, wenn sie die Zuständigkeit ihrer Behörde beauskunften, damit zugleich Auskunft über ihre eigenen Sachbefugnisse. Grundsätzlich ist freilich davon auszugehen, daß in der Regel die Behördenvorstände allein zur Auskunftserteilung darüber berechtigt sind, wer die Behörde in bestimmten Angelegenheiten zu vertreten hat, während dem Sachbearbeiter diese Befugnis für seine Person nicht zusteht. Daß er dagegen zu Sachauskünften befugt ist, braucht nicht hervorgehoben zu werden. Diese Rechtslage entspricht den allgemeinen Anschauungen und beruht im Grunde darauf, daß Zuständigkeitsauskünfte über die eigene Person nicht in den Kreis der Sacherledigung fallen, sondern ihre einrichtungsmäßigen Voraussetzungen betreffen und daher Angelegenheiten der Behördenleitung sind. Die Reichspost hat indessen selbst erklärt, daß der Präsident der Oberpostdirektion mit der Beantwortung von Anfragen über die Zuständigkeit seiner Behörde und ihrer Mitglieder auch einen ihm unterstellten Beamten beauftragen könne. Das Berufungsgericht hätte daher prüfen müssen, ob Wi. einen solchen Auftrag oder, was genügen würde, die Zustimmung seines Präsidenten zur Bescheidung von Zuständigkeitsanfragen besaß.

Insoweit wäre insbesondere zu fragen gewesen, ob die Aushändigung der Bescheinigung an Wi. in Verbindung mit den obwaltenden Begleitumständen eine solche Zustimmung oder einen solchen Auftrag ergibt. Daß insoweit nichts entgegenstehen würde, We. in allen Fällen, in denen seine Bescheinigung verwendet ist, neben Wi. als den Erteiler der Auskunft anzusehen, ist schon hervorgehoben worden. Auch zu diesen Punkten muß jedoch die tatrichterliche Würdigung dem Berufungsgericht überlassen bleiben. Sollte sie eine Bejahung der aufgeworfenen Fragen ergeben, dann würden damit die Gründe weggefallen sein, aus denen das Berufungsgericht die Auskünfte Wi.s der Reichspost nicht zugerechnet hat. Eine andere Frage ist freilich, ob die Klägerin sich mit der erhaltenen Auskunft zufrieden geben durfte, oder ob sie ausreichenden Grund hatte, an ihrer Zuverlässigkeit und daher an der Rechtswirksamkeit der von Wi. abgegebenen Verpflichtungserklärungen zu zweifeln. Das könnte dann aber nur die Frage eines Mitverschuldens der Klägerin berühren.

II. Zur vertragsähnlichen Haftung.

1. In der Rechtsprechung ist, obwohl im Bürgerlichen Gesetzbuch eine allgemeine Bestimmung darüber fehlt, anerkannt, daß schon bloße Vertragsverhandlungen — selbst dann, wenn sie nicht zum Vertragsschluß führen, — ein vertragsähnliches Vertrauensverhältnis unter den Beteiligten erzeugen, das diese zur Beachtung der im Verkehr erforderlichen Sorgfalt verpflichtet (vgl. RGZ. Bd. 120 S. 249 [251] und die im RGRKomm. z. BGB. Bem. 3 zu § 276 angegebenen weiteren Entscheidungen). Werden die Vertragsverhandlungen durch einen auftragslosen Vertreter geführt, so kann dadurch allerdings ein solches vertragsähnliches Rechtsverhältnis zwischen dem angeblich Vertretenen und dem anderen Teile nicht begründet werden; in derartigen Fällen bewendet es bei der Haftung des auftragslosen Vertreters gemäß § 179 BGB. Da die Oberpostdirektion und demzufolge auch Wi. zum Abschluß der streitigen Rechtsgeschäfte keine Abschlußermächtigung besaßen, hat das Berufungsgericht es für selbstverständlich erachtet, daß die Reichspost ebensowenig wie am Abschluß dieser Geschäfte auch an den darüber geführten Verhandlungen beteiligt gewesen sei. Dabei hat es aber die an anderer Stelle seines Urteils enthaltenen Ausführungen übersehen, wonach es wegen der Bestimmungen in Nr. VII und VIII der Anlage 31 zu § 82 ADA. IV 1 zu den Auf=

gaben der Oberpostdirektion gehöre, über die Anträge auf Bürgschafts=
übernahme zu verhandeln, während sie dann freilich zum Abschluß der
Rechtsgeschäfte, die sich jeweils aus den Verhandlungen ergäben, nur
im Rahmen der übrigen Bestimmungen der Anlage 31 befugt sei.
Diese eine Verhandlungsbefugnis Wi.s feststellenden Ausführungen
sind durchaus zutreffend. Aber diese Befugnis war keine völlig un=
gebundene und willkürlich auszuübende, sie war mit besonderen Ver=
pflichtungen verknüpft. Die der Reichspost gemachten Vertrags=
vorschläge waren zugleich als „Anträge" im Sinne eines behördlich=
fiskalischen und in seinem Ergebnisse von bestimmten sachlichen Voraus=
setzungen abhängigen Verfahrens zu behandeln, mit dessen ordnungs=
mäßiger Durchführung der andere Teil rechnen konnte. Die ein=
schlägigen Bestimmungen besagen in diesem Sinne, daß „Anträge"
auf Übernahme der Bürgschaft für Tilgungshypothekendarlehen an
die Oberpostdirektion einzureichen sind, wobei hinzugefügt wird, daß
Vertreter der Deutschen Reichspost in allen Fällen die zuständige
Oberpostdirektion sei. Hierzu ist bereits dargelegt worden (oben A III),
daß die Zuständigkeit der Oberpostdirektionen durch diese Be=
stimmungen allerdings nicht etwa auf die Übernahme von Bürg=
schaften für dinglich ungesicherte fremde Kredite erweitert worden ist.
Aber die Oberpostdirektionen sind hiernach die Stellen, bei denen alle
einschlägigen Anträge nicht nur eingereicht, sondern auch sachlich ge=
prüft werden müssen. Das betrifft nicht nur diejenigen Anträge, die
den vorgeschriebenen Voraussetzungen entsprechen, sondern auch die=
jenigen, die insoweit mangelhaft und ergänzungsbedürftig sind. Auch
Anträge, die sich auf ungesicherte fremde Kredite für Bauunternehmer
beziehen, sind davon nicht auszunehmen. Die gegenteilige Ansicht
würde sich mit der in dem bereits erwähnten Wirtschaftserlasse vom
25. Juli 1925 niedergelegten Auffassung des Reichspostministers in
Widerspruch setzen. Dieser verlangt von seinen Beamten nachdrücklichst,
daß sie sich mit der Verantwortung nicht hinter den Buchstaben der
Dienstvorschriften stellen, und legt auf die Anpassung der Geschäfts=
erledigung an die Bedürfnisse des Verkehrs besonderes Gewicht.
Dazu kommt, daß es — wie in den Erörterungen über die Ver=
waltungsübung (oben A IV) dargelegt worden ist — allgemein zu den
Aufgaben der Oberpostdirektionen gehört, dem Reichspostministerium
auch in ihm vorbehaltenen Angelegenheiten, soweit sie orts=
gebunden sind, unterstützend zur Seite zu treten. Nach der allem

bürokratisch-förmlichen abholden Gesamteinstellung, die der Wirtschaftserlaß den Dienststellen der Reichspost vorschreibt, muß diese Unterstützung gegebenenfalls auch durch eine aus eigenem Entschlusse der Oberpostdirektionen aufgegriffene vorbereitende Tätigkeit geleistet werden. Nach alledem wäre es die selbstverständliche Pflicht Wi.s gewesen, auf die Gestaltung der Vertragsanträge Einfluß zu nehmen und auf ihre sachlichen Mängel hinzuweisen. Insbesondere durfte er den Beteiligten nicht vorenthalten, daß ihre Anträge ohne die vorgeschriebene dingliche Sicherung der Kredite nicht sachgemäß waren und daher — sei es schon bei der Oberpostdirektion oder bei dem für ungesicherte Gewährleistungen allein zuständigen Ministerium — der Ablehnung verfallen mußten und einen Erfolg nur haben konnten, wenn der Mangel beseitigt wurde. Sie hätten sich dann entscheiden können, ob sie den Voraussetzungen genügen oder Abstand nehmen wollten. So zu verfahren, wäre freilich zunächst die Amtspflicht Wi.s gewesen. Diese nahm aber im Rahmen der von ihm zulässigerweise geführten Vertragsverhandlungen bürgerlich-rechtliche Züge an und vermag daher Schadensersatzansprüche auf vertragsähnlicher Grundlage zu erzeugen. Der Umstand, daß erst mit der Behebung der sachlichen Mängel auch die vorher nicht bestehende Abschlußbefugnis der Oberpostdirektion herbeigeführt wäre, kann daran nichts ändern.

2. Das Berufungsgericht hat ferner übersehen, daß Wi. möglicherweise selbst zur Auskunfterteilung über seine Zuständigkeit befugt war. Er hätte für diesen Fall durch Erteilung einer bejahenden Antwort auf eine zuvor gestellte Anfrage ohne Zweifel eine Schadensersatzpflicht der Reichspost begründen können. Darin, daß ein Beamter in seiner Stellung ein Rechtsgeschäft abschließt, würde eine nicht minder starke Bejahung seiner Vertretungsbefugnis liegen. Insoweit wäre es nicht einmal erforderlich, daß Wi. die Verpflichtungsurkunde selbst mit einem entsprechenden Hinweise versah. Das verstand sich schon von selbst. Es wäre aber sinnwidrig, bei den Rechtsfolgen einen Unterschied zu machen, je nachdem, ob die Bejahung der Zuständigkeit durch ausdrückliche Frage und Antwort oder durch den Abschluß des in Betracht kommenden Rechtsgeschäfts selbst nach außen hin in Erscheinung getreten ist, oder ob es sich insoweit mehr um eine ausdrückliche Bejahung der Zuständigkeit oder um eine fahrlässige oder vorsätzliche Unterdrückung der Unzuständigkeit handelt, sofern nur der für die Behörde auftretende Beamte berufen oder befugt ist, über

seine Zuständigkeit rechtsverbindliche Auskunft zu geben. In solchen Fällen sind eben die Grenzen zwischen der Verpflichtung aus einem stillschweigend zustandegekommenen Auskunftsvertrag und der vertragsähnlichen, durch die Führung von Verhandlungen entstehenden Rechtspflicht zur Offenbarung flüssig (vgl. dazu RGZ. Bd. 132 S. 26 [27/28]).

3. Die Reichspost kann sich demgegenüber nicht auf die reichsgerichtlichen Entscheidungen vom 19. Dezember 1927 IV 354/27 (SeuffArch. Bd. 82 Nr. 57) und vom 4. April 1928 IV 708/27 (HRR. 1928 Nr. 1396) berufen, worin eine vertragsähnliche Haftung öffentlich-rechtlicher Körperschaften, für die ein dazu nicht befugter Beamter Verträge abgeschlossen hat, um deswillen verneint ist, weil die Haftungsfolgen einer unbefugten Vertretung in § 179 BGB. ausschließlich zu Lasten des Vertreters geregelt seien und weil die Bejahung einer Haftung der öffentlichen Körperschaften solchenfalls gerade die Rechtsfolgen nach sich ziehen würde, vor denen die öffentlich-rechtlichen Körperschaften durch die Zuständigkeitsbestimmungen geschützt werden sollten. Das trifft für den Regelfall allerdings zu. Denn die öffentlich-rechtliche Körperschaft kann grundsätzlich nicht schlechter gestellt werden als jeder andere, für den ein auftragslos handelnder Vertreter weder vermöge eines rechtsgeschäftlichen Abschlusses noch vermöge rechtsgeschäftlicher Verhandlungen irgendwelche Verpflichtungen begründen kann. Im gegenwärtigen Streitfall handelt es sich aber um hinzutretende Tatbestände wesentlich anderer Art, und zwar in Gestalt einer besonders gearteten und mit bestimmten Verpflichtungen verknüpften Verhandlungsbefugnis des in Betracht kommenden Beamten, mit der möglicherweise noch seine Befugnis zu rechtsverbindlichen Auskünften über seine Zuständigkeit verbunden war. Diese Tatbestände sind, wie dargelegt ist, ihrer Natur nach geeignet, besondere Rechtsfolgen nach der Richtung einer Schadensersatzpflicht zu ergeben.

4. Bei dem Verhalten des Präsidenten We. ist darauf hinzuweisen, daß er zur Erteilung von Zuständigkeitsauskünften berufen war und daß er in diesem Umkreise mit der Ausstellung der irreführenden Bescheinigung annehmbar schuldhaft gehandelt hat. Vom Rechtsstandpunkt aus läßt sich nicht in Abrede stellen, daß dadurch, sofern nicht schon eine vertragliche, so doch eine vertragsähnliche Haftung der Reichspost entsprechend den oben erörterten Grundsätzen

eingetreten sein kann. Die Klägerin macht in diesem Zusammenhange den Präsidenten We. und B. noch zum Vorwurf, Wi. mangelhaft überwacht und sich dadurch außerstande gesetzt zu haben, die mit der Oberpostdirektion in Geschäftsverbindung stehenden Kreise vor seinem Treiben zu schützen. Insoweit ist in der reichsgerichtlichen Rechtsprechung anerkannt, daß den gesetzlichen Vertretern öffentlich-rechtlicher Körperschaften im Rahmen dauernder Geschäftsverbindungen namentlich kaufmännischer Art, bei denen sich ein Vertrauensverhältnis herausbildet, eine Pflicht zum Eingreifen und zur Aufklärung obliegen kann. Das beschränkt sich aber auf den Fall ihrer Kenntnis, daß untergeordnete Organe sich über ihre Zuständigkeitsgrenzen hinwegzusetzen pflegen (RGZ. Bd. 122 S. 351 [353], Bd. 127 S. 231; RGUrt. VIII 505/1929 vom 20. Januar 1930 in JW. 1930 S. 1198 Nr. 14). Der festgestellte Sachverhalt rechtfertigt die Anwendung dieses Rechtsgrundsatzes schon deshalb nicht, weil es an der Kenntnis der Präsidenten und übrigens auch des Reichspostministeriums von dem Treiben Wi.s fehlt. Die Meinung, daß jede Behörde, deren Beamte fiskalische Rechtsgeschäfte abschließen, schon aus diesem Grunde Dritten gegenüber schlechthin eine vertragsähnliche allgemeine Verpflichtung zur Aufsicht über ihre Beamten trage, ist abzulehnen, da sie einer zureichenden rechtlichen Grundlage entbehrt. Nach den bisherigen Feststellungen kann dieser Teil des Klagevorbringens für eine vertragsähnliche Haftung der Reichspost somit nicht in Betracht kommen.

III. Zur Haftung aus Amtspflichtverletzung und unerlaubter Handlung.

Die geltend gemachten außervertraglichen Schadensersatzansprüche stützen sich sowohl auf die allgemeinen Haftungsvorschriften für unerlaubte Handlungen als auch auf den Gesichtspunkt der Amtspflichtverletzung gemäß Art. 131 WeimVerf. in Verbindung mit § 839 BGB. und § 1 des Reichshaftungsgesetzes vom 22. Mai 1910. Die Klägerin schreibt dabei der Amtshaftung eine Bedeutung zu, die ihr bei der gegebenen Sachlage nicht zukommt. Wi. hat der Klägerin gegenüber fraglos als Beamter gehandelt. Daß er dabei seine Zuständigkeit überschritten hat, ist ebenfalls nicht zu bezweifeln. Er soll darüber hinaus sogar durch Vortäuschung seiner Zuständigkeit auf bewußte Schädigung der Klägerin und insoweit auf

Betrug abgezielt haben. Wi. würde seine öffentlich-rechtlichen Amtspflichten schon durch eine fahrlässige Zuständigkeitsüberschreitung, erst recht natürlich durch einen Amtsmißbrauch der oben angegebenen Art verletzt haben. Er selbst würde daher nach § 839 BGB. — mit dem daraus sich ergebenden Unterschiede für Fahrlässigkeit und Vorsatz — schadensersatzpflichtig geworden sein. Für die Haftung der Reichspost aus seinen Verfehlungen bestehen aber besondere gesetzliche Voraussetzungen. Sie haftet, sofern Wi. in Ausübung öffentlicher Gewalt gehandelt haben sollte, nach Art. 131 WeimVerf. in Verbindung mit § 839 BGB. an seiner Stelle sowohl für fahrlässige Zuständigkeitsverstöße als auch für vorsätzlichen Amtsmißbrauch. Sofern sich seine Handlungen dagegen auf bürgerlich-rechtlichem Gebiete bewegen, kann die Schadensersatzpflicht der Reichspost auf den Bestimmungen über die Organhaftung in §§ 30, 31, 89 BGB. beruhen, falls Wi. zugleich den Tatbestand unerlaubter Handlungen gemäß §§ 823, 826 BGB. verwirklicht hätte, wozu bloße Zuständigkeitsüberschreitungen freilich noch nicht ausreichen würden. Endlich käme noch eine Haftung der Reichspost nach § 831 BGB. in Betracht, wobei es nur auf die widerrechtliche Schadenszufügung, nicht aber auf ein Verschulden Wi.s ankommen könnte. Über das Verhältnis dieser verschiedenen Haftungsarten zueinander sind in der Rechtsprechung des Reichsgerichts (RGZ. Bd. 78 S. 325 [329], Bd. 131 S. 239 [249], Bd. 155 S. 257 [266 flg.]) feststehende Grundsätze herausgebildet worden. Hiernach stehen die öffentlich-rechtlichen Körperschaften bei der außervertraglichen Haftung für Verschulden ihrer nicht in Ausübung öffentlicher Gewalt handelnden Beamten völlig den nicht-öffentlich-rechtlichen Personenvereinigungen gleich, so daß auf beide die oben angeführten Bestimmungen über die Organhaftung oder die Haftung für Verrichtungsgehilfen anzuwenden sind, während eine Anwendung von § 839 BGB. insoweit ausgeschlossen bleibt. Hiernach würde die Reichspost, wenn einer ihrer Beamten eine Amtspflichtverletzung außerhalb seines hoheitsrechtlichen Wirkungskreises begeht, nicht die Haftungsbeschränkungen des § 839 BGB. für sich in Anspruch nehmen können. Auf der anderen Seite wäre sie aber auch nicht darum schlechter zu stellen, weil ihr Beamter die schadenstiftende Handlung verübt und damit zugleich gegen seine öffentlich-rechtlichen Dienstpflichten verstoßen hat. Die für solche Zusammenhänge daher außer Betracht zu lassende Vorschrift des § 839 BGB. läßt sich dann auch nicht in der Be=

deutung eines Schutzgesetzes heranziehen, ebensowenig wie etwa schon der Tatbestand einer Amtspflichtverletzung mit dem der widerrechtlichen Schadenszufügung im Sinne des § 831 BGB. zusammenfällt.

1. Wi. hat, welche Vorwürfe ihn auch immer wegen Verletzung seiner Amtspflichten oder sogar wegen Mißbrauchs seines Amts treffen mögen, der Klägerin gegenüber keine öffentliche Gewalt — auch nach ihrer fürsorgenden Richtung hin — ausgeübt. Er hat als Sachbearbeiter für Wohnungsfürsorgeangelegenheiten Rechtsgeschäfte abgeschlossen, denen er den Anschein der Rechtswirksamkeit zu geben wußte. Zwar verfolgt die Reichspost, soweit sie im Rahmen der Wohnungsfürsorge Baudarlehen oder Baugeld gewährt oder Bürgschaften übernimmt, die Förderung der Wohlfahrt ihrer Beamten und sonstigen Bediensteten. Das bedeutet aber jedenfalls keine Fürsorge gegenüber den dritten Geldgebern, welche derartige Bürgschaften erhalten. Überhaupt begründet der Umstand, daß die im bürgerlich-rechtlichen Geschäftskreise des Staates oder des Reiches vorgenommenen Handlungen von Beamten zugleich den öffentlichen Belangen dienen, noch keine Ausübung anvertrauter öffentlicher Gewalt (RGZ. Bd. 155 S. 257 [273]).

Soweit die Revision ausführt, daß eine Zuständigkeitsüberschreitung als Verletzung der öffentlich-rechtlichen Ordnung stets eine Haftung nach Art. 131 WeimVerf. begründe, trifft das nicht zu. Die Rechtsprechung hat das nur für Zuständigkeitsüberschreitungen bei hoheitsrechtlichen Verrichtungen anerkannt. Im bürgerlich-rechtlichen Kreise gilt, wie die oben vorausgeschickten allgemeinen Rechtsgrundsätze ergeben, ein gleiches aber nicht. Dasselbe ist auch der Ansicht der Revision entgegenzuhalten, wonach jeder Amtsmißbrauch die Folgen des Art. 131 nach sich ziehen müsse. Die Entscheidung RGZ. Bd. 154 S. 208 betrifft denn auch nur einen Fall, der völlig auf dem Gebiete der öffentlichen Gewaltausübung (Fürsorge) liegt.

Die Klägerin ist der Meinung, daß jedenfalls einige zur Begründung ihrer Schadensersatzforderungen herangezogene Sondertatbestände in den Bereich öffentlicher Gewaltausübung fallen, so die angeblich mangelhafte Beaufsichtigung Wi.s in der Verwaltung seines Sachgebiets, die Ausstellung der Bescheinigung vom 2. Februar 1932 durch We. sowie die Verwendung amtlicher Stempel für die Klageurkunde. Dazu ist folgendes zu bemerken:

a) Soweit etwa Handlungen oder Unterlassungen des Vorgesetzten Wi.s für den von ihm angerichteten Schaden mitursächlich gewesen sein sollten, können sie zunächst ebenfalls in das Gebiet der bürgerlich-rechtlichen Betätigung der Reichspost fallen. So wäre es, wenn die Präsidenten We. oder B. bei den einzelnen zuständigkeitswidrigen Geschäften Wi.s, z. B. durch Erteilung ihrer Zustimmung oder in anderer Weise, mitgewirkt hätten. Insoweit würde auch bei ihnen die Ausübung öffentlicher Gewalt nicht in Betracht kommen, wobei auf das vorher Gesagte verwiesen werden kann. Auf der anderen Seite ist aber auch denkbar, daß der Boden für das schadenstiftende Treiben Wi.s durch eine nachlässige Ausübung der von seinen Vorgesetzten auszuübenden Dienstaufsicht vorbereitet oder geschaffen worden ist. Da die Dienstaufsicht hoheitsrechtlicher Art ist, würde unter solchen Umständen eine Haftung der Reichspost nach Art. 131 WeimVerf. nicht schlechthin abzulehnen sein. Bei näherer Betrachtung der Sachlage ergibt sich jedoch, daß eine solche Haftung nicht begründet ist.

Der amtliche Tätigkeitsbereich Wi.s war nicht der Art, daß er Eingriffe in fremde Rechtsgüter und eine Gefährdung schutzbedürftiger Belange Dritter mit sich brachte. Auch als Persönlichkeit hatte Wi. keinen Anlaß zu der Befürchtung gegeben, daß Dritte durch seine Amtsführung benachteiligt werden könnten. Unstreitig erfreute er sich sowohl bei seiner Behörde als auch nach außen hin des Ansehens eines untadeligen und vertrauenswürdigen Beamten. Seine Neigung zu selbstherrlichem Handeln hätte vielleicht zu Beanstandungen rein innerdienstlicher Art veranlassen können. Ein Mißtrauen gegenüber seiner Betätigung im rechtsgeschäftlichen Verkehre der Reichspost konnte sich daraus noch nicht ergeben. Daß er in der Tat das ihm von dritter Seite entgegengebrachte Vertrauen so erheblich mißbrauchte, hatte er geschickt zu verbergen gewußt, indem er alle aktenmäßigen Unterlagen, die zu seiner Entlarvung führen konnten, unterdrückte. Das Berufungsgericht hat nicht für erwiesen erachtet, daß das Reichspostministerium und die oben genannten Präsidenten Kenntnis von seinem Treiben hatten. Das Revisionsgericht muß also davon ausgehen, daß für die Vorgesetzten Wi.s im Rahmen ihrer Dienstaufsichtspflicht kein Anlaß zur Annahme einer Gefährdung schutzbedürftiger Belange Dritter durch Wi. und zu dementsprechenden Maßnahmen bestand. Die Vorwürfe, die gegen die Vorgesetzten Wi.s sonst noch erhoben sind, gehen aber nicht darüber hinaus, daß es im allgemeinen an einer hinreichenden Beaufsichtigung des Dienstbetriebes gefehlt habe. Ob das der Fall gewesen ist, kann dahingestellt bleiben. Denn die Pflicht der Behördenvorstände und der Zentralbehörde, in diesem allgemeinen Umfange für die Aufrechterhaltung eines ordnungsmäßigen Dienstbetriebes zu sorgen, besteht lediglich zum öffentlichen Nutzen und liegt diesen Stellen nicht als eine Dritten gegenüber bestehende Amtspflicht ob, so daß die Schadensersatzansprüche der Klägerin darauf nicht gestützt werden können.

b) Die Bescheinigung vom 2. Februar 1932 hat nicht etwa die öffentlich-rechtlichen Voraussetzungen für eine Vertretung der Reichspost durch Wi. geschaffen. Dazu war sie, wie bereits (oben A V) dargelegt ist, überhaupt nicht geeignet. Ihre Ausstellung steht vielmehr — und das ist wesentlich — in enger Beziehung zu der Aufgabe des Präsidenten We., auf Anfragen Dritter über die Zuständigkeit seiner Behörde und ihrer Sachbearbeiter vertraglich-verbindliche Auskünfte zu erteilen. Zugleich aber nahm die Bescheinigung die Antwort auf künftige Anfragen gleicher Art voraus. Ihr Inhalt gipfelt auch in der rein bürgerlich-rechtlichen Erklärung, die Oberpostdirektion werde die von Wi. gezeichneten Urkunden, insbesondere seine Postbürgschaften, als verbindlich anerkennen. Sie ist daher nicht von öffentlich-rechtlichen, sondern von bürgerlich-rechtlichen Gesichtspunkten aus zu beurteilen, wie das bei den Erörterungen der vertraglichen und vertragsähnlichen Schadensersatzansprüche der Klägerin (oben B I und II) bereits geschehen ist.

c) Endlich vermag die Verwendung des amtlichen Siegels für die Verpflichtungserklärungen die rechtliche Beurteilung nicht auf das Gebiet des Art. 131 WeimVerf. zu verschieben. Allerdings ist nach feststehender Rechtsprechung des erkennenden Senats die sichere Verwahrung eines Dienstsiegels und die Verhinderung seines Mißbrauchs durch Unbefugte Amtspflicht der Behörden innerhalb des Bereichs öffentlicher Gewalt (Urt. III 323/34 und 334/34 vom 2. Juli 1935 in JW. 1935 S. 3372 Nr. 3). Das Siegel ist hier aber nicht von Unbefugten und auch nicht unzulässig verwendet worden. Zwar waren die gesiegelten Erklärungen für die Reichspost nicht rechtsverbindlich, aber das hinderte die Statthaftigkeit der Siegelung nicht: diese bestätigte nur, daß die Erklärungen von einem Beamten der Oberpostdirektion ausgingen, der auch sonst seine Erklärungen siegeln lassen durfte. Über die Rechtswirksamkeit seiner Erklärungen besagen die Siegel natürlich nichts. Daß der Siegelaufdruck die Erklärungen einer Behörde immer in den Kreis öffentlicher Gewaltausübung rücke, ist so wenig richtig, wie es die Auffassung sein würde, daß eine Hoheitsverwaltung immer als Hoheitsträgerin handele. Es kommt sowohl bei gesiegelten wie bei ungesiegelten Urkunden eben nur darauf an, ob sich die behördlichen Erklärungen auf hoheitsrechtlichem oder — was hier außer Zweifel steht — auf bürgerlich-rechtlichem Gebiete bewegen.

Aus dem Vorhergesagten folgt weiterhin, daß die Beamten, welche das Dienstsiegel nach § 1 der Kanzleiordnung (RGO. Anh. B) zu verwahren hatten, noch kein Vorwurf trifft, sofern sie auf Anweisungen Wi.s die Verpflichtungsurkunden gesiegelt haben sollten. Ob andere Umstände diese Beamten zu Mitwissern oder Mittätern Wi.s gemacht haben und insoweit eine Haftung der Reichspost nach § 831 BGB. begründet ist, hat das Berufungsgericht nicht geprüft. Bloße Dienstpflichtverletzungen würden aber, wie bereits hervorgehoben, für den Tatbestand des § 831 BGB. nicht ausreichen.

2. Daß den Präsidenten We. und B. unerlaubte Handlungen im Sinne der allgemeinen Haftungsbestimmungen zur Last zu legen wären, ist nicht ersichtlich. Verstöße dieser Präsidenten gegen § 823 BGB. kommen nach dem Parteivorbringen nicht in Betracht. Mangels Vorsatzes auf ihrer Seite scheidet auch § 826 BGB. als Haftungsgrundlage aus. Insoweit kann daher von einer Haftung der Reichspost nach §§ 31, 89 BGB. nicht die Rede sein. Dagegen ist zu fragen, ob die Reichspost für die schadenstiftenden Handlungen Wi.s nach den vorgenannten Bestimmungen über die Organhaftung oder wenigstens nach § 831 BGB. einzustehen hat. Das hängt entscheidend davon ab, ob Wi. als verfassungsmäßiger oder, was in der Auswirkung dasselbe ist, als besonderer Vertreter im Sinne von § 30 BGB. bestellt war oder ob er nur als Verrichtungsgehilfe angesehen werden kann. Das Berufungsgericht ist darauf nicht näher eingegangen, weil es annimmt, daß Wi. gänzlich außerhalb der ihm zustehenden Verrichtungen gehandelt habe. Das ist jedoch, wie noch dargelegt werden soll, unzutreffend.

Die Frage, ob ein Beamter für die Haftung im bürgerlich-rechtlichen Kreise als besonderer Vertreter anzusehen ist, hat ihre Bedeutung im wesentlichen eingebüßt, seitdem in der Rechtsprechung des Reichsgerichts anerkannt ist, daß § 30 BGB. den Gedanken verfolgt, die Haftung der bürgerlich-rechtlichen und gemäß § 89 BGB. damit auch der öffentlich-rechtlichen Körperschaften zu erweitern. Das Reichsgericht ist dazu übergegangen, diese Haftung auch auf das Verhalten solcher Personen auszudehnen, die nicht die uneingeschränkte Vertretung der Körperschaft besitzen, die aber für deren Tätigkeit nicht zu entbehren sind, weil der Vorstand infolge des Umfangs und der Art der zu erledigenden Geschäfte nicht imstande ist, von der ihm durch das Gesetz gegebenen Vertretungsbefugnis in vollem Umfange Gebrauch zu machen. Diese Erwägung hat dazu geführt, sogar einen Einrichtungsmangel und ein Verschulden der gesetzlichen oder verfassungsmäßigen Vertreter der Körperschaft anzunehmen, wenn nicht für die Bestellung eines besonderen Vertreters im Sinne von § 30 BGB. gesorgt wird, sobald der Vorstand außerstande ist, den Verpflichtungen zu genügen, denen eine Körperschaft wie jede natürliche Person nachkommen muß. Die Sachlage kann dann je nach Art des Geschäftskreises so sein, daß die Körperschaft ihren Pflichten nicht schon genügt durch Bestellung geeigneter Personen, für die sie sich nach § 831 BGB. entlasten kann. Vielmehr können die tatsächlichen Umstände des täglichen Lebens, insbesondere des wirtschaftlichen Verkehrs, es mit sich bringen, daß ein solcher Vertreter bestellt werden muß, für den eine Entlastung dem Dritten gegenüber nicht möglich ist. Diese aus RGZ. Bd. 157 S. 228 [235] entnommenen Rechtssätze waren anfänglich in beschränkterem Umfange zur Obhutspflicht der Gemeinden für die Verkehrssicherheit der Straßen und Wege herausgebildet worden, wo das Unerträgliche einer Entlastungsmöglichkeit aus § 831 BGB. bei mangelnder Aufsicht der leitenden technischen Beamten besonders in die Augen sprang. Die oben erwähnte Entscheidung dehnte den Gedanken aber mit Recht auch auf alle ähnlichen Verhältnisse des täglichen Lebens und — was hier vor allem von Bedeutung ist — des wirtschaftlichen Verkehrs aus (vgl. auch RGUrt. VI 96/38 vom 12. Oktober 1938 in JW. 1938 S. 3162 Nr. 14 am Ende).

Unter diesen Gesichtspunkten betrachtet heben sich aus dem Sachverhalte folgende unstreitigen Tatsachen heraus: Die Oberpostdirektion D. hat nach allem, was darüber vorgetragen ist, mindestens seit 1924 eine umfangreiche Tätigkeit auf dem Gebiete der Errichtung und Finanzierung von Bauten entfaltet. Dafür sind — ganz abgesehen von den unzulässigen Geschäften Wi.s — mehrere Millionen Reichsmark aufgewendet worden. Die damit verbundenen Verwaltungs- und Finanzangelegenheiten, wie die Vorbereitung und die Anweisung der Baudarlehen, der Baukredite und die Übernahme der Bürgschaften sowie die grundbuchliche Sicherstellung hat Wi. bearbeitet. Er hatte dabei im Einzelfalle die sachlichen Voraussetzungen zu prüfen, von denen die Gewährung der Beihilfe und die Übernahme der Bürgschaften abhängig war, desgleichen die Erfüllung der einmaligen und laufenden Bedingungen, denen sich die Bauunternehmer bei jedem Bau zu unterwerfen hatten. Insoweit kann auf die ins einzelne gehenden Bestimmungen der einschlägigen „Grundsätze" und „Allgemeinen Vertragsbedingungen" verwiesen werden. Das alles mußte für sein Sachgebiet einen Geschäfts- und Verhandlungsverkehr von bedeutenden Ausmaßen mit sich bringen, um den sich die Präsidenten angesichts der sonstigen Fülle ihrer Dienstgeschäfte im einzelnen nicht kümmern konnten und, abgesehen von ihrer allgemeinen Leitung und Aufsichtstätigkeit, nach den Bestimmungen der Rahmengeschäftsordnung auch nicht zu kümmern brauchten. Wi., der überdies auch über die sein Sachgebiet betreffenden Haushaltsmittel selbständig verfügte, war daher für alle diese Dinge der maßgebende Mann seiner Behörde und trat als solcher auch nach außen hin hervor. Es wäre unter diesen hier ganz besonders liegenden Umständen unerträglich, wenn sich das Reich der Haftung für einen Beamten auf so verantwortungsvollem Posten und mit so weitgehenden und in das wirtschaftliche und geschäftliche Leben einschneidenden Dienstbefugnissen durch einen Entlastungsbeweis nach § 831 BGB. ebenso sollte entschlagen können wie für einen kleinen Beamten oder Angestellten. Das würde unter gleichen Verhältnissen bei keiner bürgerlich-rechtlichen Körperschaft zuzulassen sein, und auch die Reichspost kann nach den dafür maßgebenden Rechtsgrundsätzen insoweit nicht anders behandelt werden.

Aber die Reichspost muß nicht bloß so gestellt werden, als ob Wi. ihr besonderer Vertreter gewesen sei; Wi. war es in der Tat. Nach den hierüber in RGZ. Bd. 157 S. 228 [236] aufgestellten Grundsätzen ist einmal die Wirkung der Tätigkeit des Vertreters nach außen hin und zum anderen die Verankerung seiner Stellung in den Verwaltungsvorschriften über die Gliederung seiner Behörde entscheidend. Der erste Punkt ist oben bereits erörtert. Über die Amtsstellung Wi.s dagegen ergibt sich aus den Organisationsbestimmungen folgendes: Jede Oberpostdirektion gliedert sich nach § 2 Abs. 3 RGO. in Sachgebiete. Diese sind also bestimmungsgemäß notwendige Bestandteile der Behörde. Ebenso ist die Stellung der Sachbearbeiter durch § 7 RGO. festgelegt. Danach sind dem Sachbearbeiter zur selbständigen und endgültigen Erledigung alle Angelegenheiten zu überlassen, bei denen dies ohne Schaden für den gleichmäßigen Geschäftsvollzug möglich ist. Das ist Mußvorschrift, der sich auch der Präsident zu beugen hat. Dieser regelt zwar die Geschäftsverteilung und die Besetzung der Sachgebiete. Ist das aber geschehen, so hat der Sachbearbeiter damit einen bestimmten Kreis von Geschäften zugewiesen erhalten, den er zwar unter Leitung und Aufsicht des Präsidenten, im übrigen aber kraft der genannten Bestimmungen endgültig und selbständig zu erledigen hat. Diese Selbständigkeit ist ihm durch die Rahmengeschäftsordnung gewährleistet. Sie wirkt sich auch nach außen hin aus, wie sich aus dem Zeichnungsrecht (§ 60 RGO.) ergibt. Der Sachbearbeiter zeichnet allerdings der Form nach in Vertretung des Präsidenten, aber ohne dazu grundsätzlich dessen Zustimmung in jedem Einzelfall einholen zu müssen. Dabei ist hervorzuheben, daß dem besonderen Vertreter keineswegs eine Leitungsbefugnis zuzustehen braucht. Diese ist nur notwendig für den Vorstand der Behörde selbst, dessen Aufsicht der besondere Vertreter durchaus unterstellt sein kann, ohne diese seine Eigenschaft zu verlieren. Auch eine nach dem Präsidialsystem gegliederte Behörde kann daher neben dem Präsidenten noch besondere Vertreter besitzen. Selbstverständlich wird deshalb nicht jeder Sachbearbeiter einer Oberpostdirektion als besonderer Vertreter anzusehen sein, aber doch derjenige, dessen Geschäftsbereich wesentlich auf die Vertretung der Reichspost nach außen hin zugeschnitten ist und eine umfangreiche wirtschaftliche Betätigung umfaßt. Das alles traf auf Wi. zu, von dem gar nicht zu bestreiten ist, daß er auch eine weitgehende rechtsgeschäftliche Vertretungsmacht für die Reichspost auszuüben hatte.

Die Reichspost hat daher für schadenstiftende — also auch unerlaubte — Handlungen Wi.s einzustehen, sofern solche in Ausführung der ihm zustehenden Verrichtungen begangen sind. Dabei kommt die rechtsgeschäftliche Seite seines Handelns für sich allein aus einem doppelten Grunde nicht entscheidend in Betracht. Wie schon vorausgeschickt wurde, stellen die Verpflichtungserklärungen Wi.s und die in ihnen liegenden Zuständigkeitsüberschreitungen als solche noch keine unerlaubten Handlungen im Sinne der §§ 823, 826 BGB. dar; vielmehr würde insoweit erst sein betrügerisches oder absichtlich schadenstiftendes Verhalten, dem er den Anschein rechtmäßigen Tuns zu geben wußte, als Grundlage für eine Haftung der Reichspost aus § 31 BGB. geeignet sein. Zum anderen stellt aber die vorgenannte Bestimmung gar nicht einmal auf die Befugnis des verfassungsmäßigen oder gesetzlichen Vertreters zum rechtsgeschäftlichen Handeln, sondern eher nach der Tatsachenseite hin auf die Zugehörigkeit der schadenstiftenden Handlung zu den ihm zustehenden Verrichtungen, d. h. zu seinem Geschäftskreise, ab. Das ist allgemein herrschende Ansicht, an der festzuhalten ist (vgl. RGRKomm. z. BGB. Bem. 2 zu § 31 und die dort angeführten Entscheidungen). Wörtlich genommen ist eine unerlaubte Handlung zwar niemals eine Verrichtung, die dem Vertreter zusteht. Der § 31 BGB. verlangt aber eine freiere Auslegung, anderenfalls würde sein Schutzzweck gerade dort, wo der Schutz am notwendigsten ist, vereitelt werden. Der Sinn der durch § 31 BGB. geregelten Organhaftung ergibt sich daraus, daß die rechtsfähigen Personenvereinigungen und die ihnen insoweit nach § 89 BGB. gleichstehenden Körperschaften öffentlichen Rechts durch ihre gesetzlichen, verfassungsmäßigen oder besonderen Vertreter selbsthandelnd in Erscheinung treten. Soweit sie das auf den Sachgebieten tun, die dem einzelnen Vertreter zugewiesen sind, müssen sie seine darin einschlagenden unerlaubten Handlungen sich daher als eigene zurechnen lassen. Selbstverständlich dürfen die Handlungen des Vertreters nicht so sehr außerhalb seines sachlichen Wirkungsbereichs liegen, daß der innere Zusammenhang zwischen ihnen und dem allgemeinen Rahmen der dem Vertreter übertragenen Obliegenheiten nicht mehr erkennbar und der Schluß geboten ist, daß er nur bei Gelegenheit, aber nicht in Ausführung der ihm zustehenden Verrichtungen gehandelt habe (vgl. RGUrt. VI 450/27 vom 26. März 1928 in JW. 1928 S. 2433 Nr. 1).

Das Berufungsgericht ist auf alles das nicht eingegangen, da es diese Punkte wohl schon deshalb für abgetan hielt, weil die Oberpostdirektion und deshalb auch Wi. zur Übernahme von Bürgschaften oder ähnlichen Verpflichtungen für ungesicherte fremde Kredite nicht befugt gewesen seien und weil die Übernahme solcher Verpflichtungen sogar als ihnen verboten angesehen werden müsse. Soweit diese Auffassung entscheidend auf die Befugnis zum rechtsgeschäftlichen

Handeln abstellt, ist sie nach dem vorher Gesagten rechtsirrtümlich. Soweit sie aber etwa darauf hinausliefe, daß sich Wi. mit solchen Angelegenheiten überhaupt nicht zu befassen gehabt hätte, weil sie der Oberpostdirektion sachfremd gewesen seien, würde sie jedenfalls auf einer rechtsirrtümlichen Beurteilung der Obliegenheiten Wi.s beruhen. Es ist bereits (oben B II 1) dargelegt, daß die Oberpostdirektion die Auffangstelle für Anträge auf Übernahme von Bürgschaften bildet, auch wenn die Voraussetzung dinglicher Sicherung nicht vorhanden ist. Dort ist ferner ausgeführt, daß die Oberpostdirektion überhaupt die berufene Stelle ist, an die man sich in rechtsgeschäftlichen, die Reichspost angehenden Angelegenheiten wenden darf, mag der Abschluß der in Betracht kommenden Verträge auch dem Reichspostministerium vorbehalten sein. Die Oberpostdirektion ist dann nicht bloße Vermittlungsstelle, sondern hat die Pflicht, sich mit Anträgen solcher Art sachlich zu befassen, Auskünfte darüber zu geben und auf ihre Gestaltung Einfluß zu nehmen. Nach dem bereits mehrfach erwähnten Wirtschaftserlasse des Reichspostministers sind insoweit strenge Anforderungen an sie zu stellen. Wi. hatte demnach die Anträge der Kreditgeber nicht als sachfremd schon grundsätzlich abzulehnen, sondern nach den obigen Gesichtspunkten sachgemäß zu behandeln. Indem er sich den Anschein gab, dieses zu tun, obwohl er es nicht tat, stellte er sich nicht außerhalb des Rahmens der ihm zugewiesenen Obliegenheiten, sondern handelte — sei es auch falsch und schuldhaft oder sogar verbrecherisch — innerhalb dieses seines Wirkungskreises. Wi. war zudem zur Übernahme von Bürgschaften auf der Grundlage dinglicher Sicherung bestellt und befugt, also zu Geschäften, die sich zwar von den hier streitigen durch das Hinzutreten dieser Sicherung unterschieden, ihnen aber immerhin ähnlich sind. Damit sind die erforderlichen inneren Zusammenhänge zwischen seinen Handlungen und seinem Geschäftsbereiche gegeben, wie sie den Anforderungen des Gesetzes und der Verkehrsauffassung entsprechen. Unter der vom Tatrichter noch festzustellenden Voraussetzung, daß Wi. unerlaubte Handlungen im Sinne von §§ 823, 826 BGB. zur Last fallen und die Klägerin dadurch geschädigt ist, muß demnach die Haftung der Reichspost gemäß §§ 30, 31, 89 BGB. bejaht werden. Da demgegenüber eine Haftung der Reichspost für die Handlungen Wi.s aus § 831 BGB. zurücktreten muß, braucht auf sie nicht weiter eingegangen zu werden.

28. 1. Sind nach österreichischem (sudetendeutschem) Recht auf das Rechtsverhältnis zwischen dem mit einer Prozeßführung beauftragten Anwalt und seinem Auftraggeber die Bestimmungen über den Werkvertrag, insbesondere über die Gewährleistung, anzuwenden? Inwieweit gebührt dem Anwalt die Entlohnung, wenn seine Geschäftsbesorgung schuldhaft mangelhaft gewesen ist?

2. Ist die Frage, ob im Vorprozeß bei rechtzeitiger Vorlage einer Urkunde ein Beweis als erbracht angesehen worden wäre, Rechts- oder Tatfrage?

ABGB. §§ 920, 1004, 1012—1014, 1020.

VIII. Zivilsenat. Urt. v. 20. November 1939 i. S. Dr. E. (Kl.) w. Eheleute K. (Bekl.). VIII 177/39.

I. Kreisgericht Troppau.
II. Obergericht Brünn.

Die Beklagten hatten an P. ein Grundstück für die Zeit bis zum 31. Dezember 1933 verpachtet. Im Dezember 1930 verkauften sie das Grundstück an die Eheleute L. Diese verpflichteten sich in einer in der Kanzlei des Klägers aufgenommenen Schrift vom 15. Dezember 1930 für den Fall, daß P. vom Pachtvertrage nicht freiwillig zurücktrete, den Pachtvertrag zu übernehmen. Am selben Tage kündigten sie jedoch dem P. das Pachtverhältnis für den 1. Oktober 1931. P. nahm die Kündigung gegenüber den Eheleuten L. unter Verzicht auf Schadensersatz zur Kenntnis, klagte aber gegen die jetzigen Beklagten auf Ersatz des Schadens, den er durch die vorzeitige Auflösung erlitten habe.

In diesem Rechtsstreite waren die Beklagten durch den Kläger vertreten. Im Laufe des ersten Rechtsganges forderten sie den Kläger auf, die Schrift vom 15. Dezember 1930 vorzulegen; doch kam er diesem Auftrage nicht nach. Das Erstgericht nahm auf Grund von Zeugenaussagen als erwiesen an, daß die Zweitbeklagte dem P. am 15. Dezember 1930 eine Entschädigung für die vorzeitige Auflösung der Pacht zugesagt habe, und erkannte den Klageanspruch des P. als dem Grunde nach zu Recht bestehend. Das Berufungsgericht fand zwar, daß wichtige Umstände dafür sprächen, daß P. am 15. Dezember 1930 auf Ersatzansprüche nach § 1020 ABGB. überhaupt verzichtet habe, trat aber doch der Feststellung des Erstgerichts wegen des

Zahlungsversprechens der Zweitbeklagten bei und bestätigte das erste Urteil. Während des Rechtsmittelverfahrens versuchte der Kläger unter Vorlage der Schrift vom 15. Dezember 1930 die Wiederaufnahme zu erwirken. Die Wiederaufnahmeklage wurde abgewiesen, da die Vorlage der Schrift schon im Hauptprozesse möglich gewesen wäre. Im Verfahren über die Höhe des Anspruchs setzte der Kläger durch, daß P. mit seinem Anspruch zu drei Vierteln abgewiesen wurde.

Im jetzigen Verfahren klagt der Kläger die Entlohnung für seine Tätigkeit im Hauptprozeß und im Wiederaufnahmestreit ein. Die Beklagten verweigern sie ihm, weil P.s Klage bei rechtzeitiger Vorlegung der Urkunde vom 15. Dezember 1930 abgewiesen worden wäre, sie also nur durch die Schuld des Klägers zur Zahlung von 5761 K. verurteilt worden seien, dem Kläger unter diesen Umständen keine Entlohnung gebühre, sie rechneten aber auch mit ihrem Schadensersatzanspruch gegen ihn auf.

In beiden Rechtsgängen sind die Beklagten teilweise verurteilt worden, nämlich zur Entlohnung der Tätigkeit im Hauptprozeß. Ihre Revision führte zur völligen Abweisung der Klage.

Gründe:

Der Rechtsanwalt übernimmt, wenn er zur Prozeßführung bevollmächtigt wird, die Besorgung der Geschäfte eines anderen, seines Auftraggebers (Bevollmächtigungsvertrag nach § 1002 ABGB., Verhältnis nach außen), in der Regel nach seinem „Stande" entgeltlich (§ 1004 ABGB., Verhältnis nach innen). Unter Geschäften sind beim Bevollmächtigungsvertrage nur Rechtshandlungen gegenüber Dritten zu verstehen, bei denen der Machthaber seinen Machtgeber vertritt (juristische Stellvertretung). Dabei ist es belanglos, daß auch Handlungen anderer Art zur Durchführung der juristischen Tätigkeit nebenhergehen (Schreibgeschäfte, Übersendung der Briefe, Übergabe von Urkunden, auch des Vertragsgegenstandes u. a.). Das Verhältnis des Machthabers nach außen ist nicht Gegenstand dieses Rechtsstreits. Im Verhältnis nach innen ist zwischen dem Wirkungsbereiche des Machthabers und den Verpflichtungen des Machtgebers zu unterscheiden. Hier entscheidet nicht der Inhalt der Vollmacht, sondern die Vereinbarung, die Vorschrift des § 1009 ABGB. und bei Rechtsanwälten § 9 der Rechtsanwaltsordnung. Für die Verbindlichkeiten des Machtgebers sind die Vereinbarungen (Entgeltlichkeit nach

§ 1004 ABGB.) und die Bestimmungen der §§ 1014 flg. ABGB. maßgebend.

Die Übernahme der Besorgung der Geschäfte (Rechtshandlungen) eines anderen, der Auftragsvertrag, der die inneren Beziehungen zwischen Machtgeber und Machtnehmer zum Gegenstande hat, kann nach österreichischem und sudetendeutschem Recht entgeltlich oder unentgeltlich geschlossen werden. Dieser Vertrag kann verschiedene Grundlagen haben (Gesetzesvorschrift, Verfügung des Gerichts oder einer Behörde, ein Rechtsgeschäft u. a.). Das Rechtsgeschäft kann verschiedenartig sein; es genügt ein bloßer Auftrag und das ausdrückliche oder stillschweigende Versprechen einer Belohnung nach dem „Stande" (§ 1004 ABGB.). Auch ein Dienstvertrag ist denkbar: so bei den Beamten der früheren Finanzprokuratur, bei dem Rechtsanwalt, der die Beratung eines Unternehmens in allen Rechtsfragen in seiner Kanzlei übernimmt, also trotz des Dienstvertrages noch Rechtsanwalt bleibt, und bei dem Syndikus eines Unternehmens, der nicht mehr Rechtsanwalt ist. Dagegen gehört die Übernahme der Abfassung eines Rechtsgutachtens oder einer Vertragsurkunde nicht hierher. In beiden Fällen liegt in der Regel ein Werkvertrag vor, in beiden Fällen handelt es sich überhaupt nicht um eine Stellvertretung, sondern um eine ganz andere Tätigkeit des Rechtsanwalts. Die Stellvertretung (Prozeßführung) ist niemals ein Werk, sondern eine Leistung (§ 1151 ABGB.).

Liegt aber, wie im vorliegenden Falle, weder ein Dienstvertrag noch eine besondere Vereinbarung über die „Belohnung" vor, dann bleibt nur die entgeltliche Übernahme i. S. der §§ 1004 und 1013 ABGB. Es handelt sich dann um sogenannte freie Dienste, für die aber im Dienstvertragsrecht des Allgemeinen Bürgerlichen Gesetzbuches kein Raum ist. Auf solche entgeltliche Übernahme der Prozeßführung kommen daher nur die allgemeinen Bestimmungen des 17. Hauptstückes des Allgemeinen Bürgerlichen Gesetzbuches, die Sonderbestimmungen des 22. Hauptstückes und höchstens eine vorsichtige Anwendung der Bestimmungen über den Dienstvertrag in Frage, wenn die Bestimmungen des 22. Hauptstückes nicht ausreichen. Diese Einschränkung schließt vor allem die Geltung der Bestimmungen über die Gewährleistung (§§ 922 bis 933 ABGB.) aus, weil diese auf Bevollmächtigungs- (und auch auf Dienst-) Verträge überhaupt nicht anwendbar sind und weil auch die Sonderbestimmung des § 1167

ABGB. zum Werkvertrage nicht in Betracht kommt. Denn die Gewährleistung betrifft nur „Sachen" (daher auch ein „Werk"), aber nicht Handlungen oder Leistungen. Deshalb findet bei unverschuldeter mangelhafter Leistung eine „Minderung des Entgeltes" nach § 932 ABGB. nicht statt.

Der Kläger hat also nach § 1020 ABGB. auf die nach seinem Stande bedungene Belohnung (§ 1004 ABGB.) Anspruch, wenn er den Vertrag erfüllt hat. Er war auf Grund des Bevollmächtigungsvertrages zur sachgemäßen Vertretung der Beklagten verpflichtet (§§ 1298 und 1299 ABGB.), haftete jedoch nicht für den Erfolg (§ 1014 ABGB.). Wenn er aber die Ausführung des von ihm übernommenen Auftrages der Beklagten, also die Erfüllung des Vertrages, durch Verschulden vereitelt (§ 920 ABGB.), so hat er überhaupt nicht erfüllt, und es steht seinem Entlohnungsanspruch die aufhebende Einrede des schuldhaft nicht erfüllten Vertrages entgegen. Der vollkommenen Vereitelung der Ausführung des übernommenen Auftrages steht eine solche unvollständige Ausführung gleich, die nach der Natur des Geschäfts des Bevollmächtigten auch diese teilweise Ausführung wertlos macht. Der Kläger hat somit keinen Anspruch auf Belohnung, wenn er durch sein Verschulden den Vertrag nicht erfüllt hat. Dabei haftet der Rechtsanwalt als Machthaber nach §§ 1009, 1012, 1299 ABGB. und § 9 der Rechtsanwaltsordnung für jeden Schaden, den er durch vorsätzliche oder fahrlässige Außerachtlassung seiner Vertragspflichten dem Machtgeber zufügt.

Damit sind erschöpfend die Grundlagen zur Entscheidung des Rechtsstreits gefunden.

Der Kläger hat die Urkunde vom 15. Dezember 1930 im Hauptprozeß vor dem Erstgericht nicht vorgelegt, obwohl sie in seiner Kanzlei aufgenommen und verwahrt war und obwohl ihn die Beklagten darauf aufmerksam gemacht und schon vor Schluß des Verfahrens vor dem Erstrichter von ihm die Vorlage verlangt hatten (Feststellung der Untergerichte). Entscheidend ist daher: 1. ob der Kläger durch diese Unterlassung die Erfüllung seiner Aufgabe schuldhaft vereitelt und 2. ob diese Unterlassung seine Geschäftsbesorgung für die Beklagten völlig wertlos gemacht hat.

Die Unterlassung der Benützung und Vorlage einer für den Rechtsstreit bedeutsamen Schrift trotz des Hinweises der Beklagten ist eine Fahrlässigkeit und somit ein Verschulden des Klägers. Die

Beantwortung der Frage, welche Bedeutung diese Schrift bei rechtzeitiger Vorlage an das Erstgericht gehabt hätte, ist rechtliche Beurteilung, zu der die in diesem Rechtsstreit erkennenden Gerichte und — ohne Bindung an die Stellungnahme der Untergerichte — auch das Revisionsgericht berufen sind. Dabei sind sie von der Beurteilung dieser Frage im Haupt= und im Wiederaufnahmestreit unabhängig (RGZ. Bd. 91 S. 164, Bd. 117 S. 293).

Nach der Schrift vom 15. Dezember 1930 traten die Käufer des Pachtgutes, die Eheleute L., an Stelle der Beklagten in den von ihnen mit P. abgeschlossenen Pachtvertrag als Verpächter ein. Aus der Erklärung des P. von demselben Tage ergibt sich weiter, daß dieser den Wechsel in der Person der Verpächter zur Kenntnis nahm. Wenn er sich gleichzeitig den neuen Verpächtern gegenüber mit der vorzeitigen Auflösung seines Pachtvertrages einverstanden erklärte, so kann er gegen die früheren Verpächter, die Beklagten, keinen Anspruch auf Entschädigung wegen vorzeitiger Beendigung der Pachtung erheben, es sei denn, daß ihm diese trotz der Übertragung ihrer Verpflichtungen aus dem Pachtvertrag auf die Käufer L. mit einem abgesonderten Vertrag eine solche Entschädigung zugesagt haben. P. hat dies allerdings behauptet. Es ist daher zu prüfen, ob im Hauptprozeß eine solche Zusage der Beklagten angenommen worden wäre, wenn die Urkunde von 15. Dezember 1930 schon dem Erstgerichte vorgelegt worden wäre.

Für die Annahme einer solchen Zusage sprechen die Aussagen einiger Zeugen, die aber nur ganz allgemeine und unbestimmte Angaben über die Zusage machen, jedoch über die Höhe der angeblich zugesagten Entschädigung nichts angeben können. Schon das Berufungsgericht im Hauptprozeß fand, wichtige Umstände sprächen dafür, daß P. mit seiner Erklärung vom 15. Dezember 1930 auf Schadensersatzansprüche nach § 1020 ABGB. überhaupt verzichtet habe. Bestanden aber schon ohne Berücksichtigung der Urkunde Bedenken gegen die erstrichterlichen Feststellungen, so hätte bei richtiger Würdigung der aufgenommenen Beweise im Zusammenhalte mit dieser Schrift eine solche besondere Zusage der Beklagten nicht als erwiesen angenommen werden können. Denn die Beklagten hatten weder einen wirtschaftlichen, noch einen rechtlichen Anlaß dazu, nachdem die Käufer ohnedies an Stelle der Beklagten in den Pachtvertrag eingetreten waren, die Rechte des Pächters P.

durch den Verkauf also nicht beeinträchtigt wurden und den Beklagten aus der etwaigen Fortsetzung der Pachtung bis zum vereinbarten Pachtende überhaupt keine Nachteile erwachsen konnten. Daher ist nicht einzusehen, warum die Beklagten eine Entschädigung zugesagt haben sollten. Somit hätte bei rechtzeitiger Vorlage der Urkunde vom 15. Dezember 1930 das Schadenersatzbegehren des P. schon dem Grunde nach abgewiesen werden müssen.

Daß das gerade Gegenteil eintrat und damit die Tätigkeit des Klägers im ersten Teile des Rechtsstreits (über den Grund des Anspruchs) völlig wertlos wurde, ist auf sein Verschulden durch Unterlassung der rechtzeitigen Vorlage der Urkunde zurückzuführen. Die Einrede des schuldhaft nicht erfüllten Vertrages durch die Beklagten hat also den Erfolg, daß der Kläger für diesen Teil seiner Tätigkeit keine Entlohnung beanspruchen kann. Dafür aber, daß der Kläger sich im zweiten Teile dieses Rechtsstreits, im Verfahren über die Höhe des Anspruchs des P., und im Wiederaufnahmestreite bemühte, den von ihm im ersten Teile des Rechtsstreits verschuldeten Schaden zu beseitigen oder zu mindern, gebührt ihm keine Entlohnung, weil bei richtiger Geschäftsbesorgung das Klagebegehren des P. schon im ersten Teile des Rechtsstreites dem Grunde nach abgewiesen worden wäre und es daher zur Fortsetzung des Rechtsstreits über die Höhe des Anspruchs und zum mißglückten Versuch einer Wiederaufnahme überhaupt nicht gekommen wäre, also die ganzen damit verbundenen Leistungen des Klägers gar nicht zu erbringen gewesen wären. Diese Leistungen waren nur Versuche zur Wiedergutmachung des vom Kläger verschuldeten Schadens. Dazu war der Kläger wegen seines Verschuldens verpflichtet. Der Schädiger hat niemals einen Anspruch auf ein Entgelt für die Wiedergutmachung und Wiedergutmachungsversuche, also auch nicht auf die Entlohnung für solche Geschäftsbesorgungen, die ihm bei ordnungsmäßiger Geschäftsbesorgung gebühren würde. Wenn diese Besorgung nicht vom Kläger übernommen worden wäre, sondern die Beklagten damit einen anderen Rechtsanwalt betraut hätten, so wäre der Kläger verpflichtet, die den Beklagten daraus erwachsenen Auslagen zu ersetzen.

Da dem Kläger somit die von ihm eingeklagte Entlohnung überhaupt nicht gebührt, ist sein ganzes Klagebegehren abzuweisen.

29. Zum Begriff des verdeckten Einigungsmangels im Sinne des § 155 BGB.

VI. Zivilsenat. Urt. v. 25. November 1939 i. S. P. u. a. (Bekl.) w. S. (Kl.). VI 84/39.

I. Landgericht Berlin.
II. Kammergericht daselbst.

Am 26. August 1930 wurde der Kläger, als er auf seinem Fahrrade fuhr, von dem der Erstbeklagten gehörigen und von dem Zweitbeklagten geführten Lastkraftwagen umgestoßen, überfahren und erheblich verletzt. Durch rechtskräftiges Urteil des Landgerichts vom 5. Februar 1932 sind die Leistungsansprüche des Klägers dem Grunde nach für gerechtfertigt erklärt und ist festgestellt worden, daß die Beklagten als Gesamtschuldner verpflichtet sind, dem Kläger jeden aus dem Unfall entstandenen und noch entstehenden Schaden zu ersetzen, die Erstbeklagte jedoch nur im Rahmen des Kraftfahrzeuggesetzes. In demselben Rechtsstreite verurteilte das Landgericht durch Urteil vom 31. März 1933 wegen der Ansprüche, die der Kläger für die Zeit vom 1. September 1930 bis zum 31. Dezember 1932 geltend gemacht hatte, die Beklagten als Gesamtschuldner zur Zahlung von 1831,50 RM. und den Zweitbeklagten zur Zahlung weiterer 4456 RM.; im übrigen wies es die Klage ab. Gegen dieses Urteil legten die Beklagten Berufung ein. Sie nahmen sie zurück, nachdem zwischen den Parteien am 2. August 1933 ein außergerichtlicher Vergleich abgeschlossen worden war.

Der Kläger macht nunmehr geltend: Der Vergleich sei wegen verdeckter Meinungsverschiedenheit (Dissenses) nicht wirksam geworden; dadurch seien seine Schadensersatzansprüche wieder aufgelebt. Auf sie seien 11500 RM., die ihm am 2. August 1933 im Anschluß an den Vergleich gezahlt worden seien, anzurechnen. Vor dem Unfall habe er ein Monatseinkommen von 225 RM. gehabt. Da er ganz erwerbsunfähig sei, könne er eine monatliche Rente in dieser Höhe verlangen; im Hinblick auf die Wirtschaftslage verlange er aber für die Zeit vom 1. Januar 1933 bis Ende 1935 nur 175 RM. monatlich. Dementsprechend hat er beantragt, die Beklagten als Gesamtschuldner zur Zahlung von 928,75 RM. und einer vierteljährlichen Rente von 375 RM. vom 1. Dezember 1937 bis zur Vollendung seines 65. Lebensjahres, sowie den Zweitbeklagten zur Zahlung weiterer 3211,50 RM. und einer

weiteren Rente von vierteljährlich 300 RM. für dieselbe Zeit zu ver=
urteilen. Die Beklagten haben sich u. a. auf den Vergleich vom
2. August 1933 berufen, durch den der Kläger wegen aller Ansprüche
abgefunden sei. Einen Einigungsmangel halten sie nicht für ge=
geben.

Das Landgericht hat den Anträgen des Klägers im wesentlichen
entsprochen. Die Berufung der Beklagten blieb erfolglos. Ihre
Revision führte zur Aufhebung und zur Zurückverweisung.

Gründe:

Das Berufungsgericht geht davon aus, daß durch das Urteil vom
5. Februar 1932 die Ersatzpflicht der Beklagten rechtskräftig festgestellt
sei. Es lehnt die Ansicht der Beklagten ab, daß die Ansprüche des
Klägers durch den Vergleich vom 2. August 1933 ihre Regelung
gefunden hätten, und führt dazu aus: Ein Vergleich sei nach dem un=
bestrittenen Sachverhalt und dem Ergebnis der Beweisaufnahme
weder bei der Aushändigung des (ein Vertragsangebot enthaltenden)
Vergleichsvordrucks am 2. August 1933 noch bei einem vorauf=
gegangenen fernmündlichen Gespräch zustande gekommen. Die Ver=
sicherungsgesellschaft, die bei den Vergleichsverhandlungen die Beklag=
ten vertreten habe, habe sich mit dem durch R. vertretenen Kläger nur
scheinbar geeinigt. Sie habe mit dem Vergleich alle Ansprüche, auch
gegenüber dem Zweitbeklagten, abgelten wollen und dies bei
den Verhandlungen bis zu deren Abschluß auch stets zum Ausdruck
gebracht. R. dagegen habe sich gegen einen Vergleich dieses Inhalts
ausgesprochen und seinen Willen (die Ansprüche gegen den Zweit=
beklagten auszunehmen) dem Versicherungsangestellten Sch. gegen=
über auch fernmündlich erklärt. Bei den beiden erwähnten Gelegen=
heiten hätten sich zwar Wille und Erklärung des handelnden Ver=
sicherungsangestellten, ebenso auch Wille und Erklärung des R. gedeckt,
die Parteien hätten sich aber über die Erklärung der Gegenseite
geirrt.

Die Revision wendet sich gegen die Auffassung des Vorder=
richters, daß ein rechtswirksamer Vergleich wegen eines verdeckten
Einigungsmangels nicht zustande gekommen sei. Ihr muß zugegeben
werden, daß die Ausführungen des Berufungsgerichts hierzu rechtlich
bedenklich sind. Nach seinen Feststellungen hat der Versicherungs=
angestellte Sch., der für die Versicherungsgesellschaft der Beklagten

die Vergleichsverhandlungen führte, dem für den Kläger auftretenden R. einen von ihm im Entwurf ausgefüllten (Abfindungs=)Vordruck ausgehändigt, in dem die (auf die Ansprüche auch) gegen den Zweit= beklagten hindeutenden) Worte „oder gegen sonstige Dritte" nicht ge= strichen waren; bei einem fernmündlichen Gespräch Ende Juli 1933 hat R. dem Sch. auf dessen Frage, ob der Vergleich, wie besprochen, zustande gekommen sei, erwidert, der Vergleich sei „perfekt", er werde die Quittung auf das Büro bringen. Als R. am 2. August 1933, nach= dem Sch. in Urlaub gefahren war, dem diesen vertretenden Ver= sicherungsangestellten L. den vom Kläger unterzeichneten Vordruck überbrachte, waren in ihm die Worte „oder gegen sonstige Dritte" in wenig auffälliger Weise durchstrichen. L. fragte aber nur, ob Sch. eine weitere Anwaltsgebühr bewilligt habe. Das bejahte R. und fügte hinzu, die Quittung (gemeint war der Vordruck der „Ent= schädigungsvereinbarung") stimme genau mit der von Herrn Sch. ausgestellten überein. Ob R. von dem Kläger eine Vollmacht besaß, die ihn zum Abschluß eines Vergleichs ermächtigte, läßt der Berufungs= richter dahingestellt; daß es der Fall war, ist für das Revisionsverfahren zu unterstellen.

Bedenken ergeben sich bereits gegen die Annahme des Vorder= richters, Wille und Erklärung des R. hätten miteinander überein= gestimmt, und gegen deren Unterlagen. Das Berufungsgericht stellt hierzu ausdrücklich fest, bei dem fernmündlichen Gespräch Ende Juli 1933 habe R. auf die Frage Sch.s, ob der Vergleich, wie be= sprochen, zustande gekommen sei, erwidert, „der Vergleich sei perfekt", und fügt an, R. habe sich bei den Vergleichsverhandlungen gegen einen Vergleich des von der Versicherungsgesellschaft vorgesehenen Inhalts ausgesprochen und „dahingehend auch gegenüber Sch. seinen Willen fernmündlich erklärt". Ob diese letzte Bemerkung eine tatsächliche Feststellung enthalten soll, daß R. sich Sch. gegenüber bei einer anderen Gelegenheit als dem Ferngespräch von Ende Juli 1933, bei dem er von dem „perfekten Vergleich" sprach, so geäußert habe, oder ob es sich nur um eine rechtliche Beurteilung der Äußerung, der Vergleich sei „perfekt", handelt, ist nicht klar ersichtlich. Sollte eine tatsächliche Feststellung gemeint sein, so würde es, wie die Revision zutreffend rügt, an einer Begründung dafür nach § 286 ZPO. fehlen. Andernfalls aber ist nicht ersichtlich, wie in einer derartigen Antwort (der Vergleich sei perfekt), die auf die Frage erteilt wird, ob der Vergleich, „wie besprochen", zustande gekommen sei, auch nur der Sache nach die Erklärung sollte liegen können, der Vergleich sei in einer anderen Weise zustande gekommen als in der, die der Fragende zur Grundlage des Vergleichs bestimmt hatte. Auch bei R.s Äußerung vom 2. August 1933 gegenüber L., die dahin ging, die Quittung stimme genau mit der von Sch. ausgestellten überein, ist nicht erkennbar, wie aus ihr der Wille zu einem neuen, von dem Sch.schen Entwurf abweichenden Angebot unter Ausschluß der Ansprüche gegen den Zweitbeklagten sollte entnommen werden können.

Insbesondere aber beachtet der Berufungsrichter nicht, daß, wie allgemein, so auch für die Beurteilung, ob ein verdeckter Einigungsmangel vorliegt, jeder Erklärende sich beim Worte nehmen und es sich gefallen lassen muß, daß seine Erklärung so verstanden wird, wie die Allgemeinheit sie auffaßt (vgl. RGRKomm. z. BGB. Bem. 2 zu § 155). Mit Recht weist die Revision darauf hin, daß das Berufungsgericht davon ausgehe, die Versicherungsgesellschaft habe in ihren Erklärungen bis zum Vergleichsabschluß ihren Willen, auch die Ansprüche gegen den Zweitbeklagten abzugelten, so sehr zum Ausdruck gebracht, daß R. und der Kläger ersehen „mußten", der Gesellschaft sei nur dann am Abschluß des Vergleichs gelegen, wenn auch die Ansprüche gegen diesen Beklagten in den Vergleich einbezogen wurden. War das aber der Fall, dann lag die Folgerung nahe, daß die Erklärungen des R. auf die Frage des Sch. und gegenüber L. nicht nur von der Versicherungsgesellschaft, sondern auch von jedermann dahin aufgefaßt werden konnten und mußten, daß der Vergleich in dem von Sch. vorgeschlagenen Sinne „perfekt" geworden sei, also auch die Ansprüche gegen den Zweitbeklagten abgegolten werden sollten. Jedenfalls hätte das Berufungsgericht eine Prüfung nach dieser Richtung vornehmen müssen. Vollends unklar aber bleibt bei dieser Sachlage schließlich, warum und inwiefern R. sich über die Erklärung der Gegenseite geirrt habe. Eine Begründung für diese Auffassung gibt das Berufungsurteil nicht, obwohl sie besonders notwendig gewesen wäre im Hinblick auf die eigene Feststellung des Vorderrichters über die Auffassung, die R. und der Kläger von der Stellungnahme der Versicherungsgesellschaft haben mußten, und im Hinblick auf die bei beiden Vorgängen von R. dem Sch. und L. auf ihre Fragen gegebenen Antworten. Das gilt um so mehr, als R. nach der Behauptung der Beklagten, auf welche die Revision verweist, schon durch seine Verhandlungen mit der Versicherungsgesellschaft in früheren Fällen und selbst von diesen abgesehen gewußt haben soll, daß die Versicherung regelmäßig auch für den Fahrer genommen wird, woraus die Revision mit Recht gefolgert wissen will, R. habe sich auch sagen müssen, daß Sch. und L. sich dieser seiner Kenntnis bewußt gewesen seien und seine Handlungen und Erklärungen daher von diesem Bewußtsein aus beurteilten.

Der vom Berufungsrichter insoweit nicht näher erörterte Umstand schließlich, daß der Kläger in dem Vordrucke der Entschädigungsvereinbarung die Worte „oder gegen sonstige Dritte" in einer „nicht sehr in die Augen fallenden" Weise durchstrichen hatte oder hatte durchstreichen lassen und L. den Vordruck von R. entgegennahm, ohne die Durchstreichung zu bemerken, braucht für sich allein einen verdeckten Einigungsmangel nicht herbeizuführen, zumal da R. bei der Aushändigung dem L. die erwähnte Erklärung abgab, ohne irgendwie auf die Abänderung des Vordruckes hinzuweisen, der nach seiner Fassung lediglich ein Vertragsangebot, nicht etwa einen Vertrag, für den die Schriftform von vornherein in Aussicht genommen war, enthielt (vgl. dazu auch den im übrigen ähnlich liegenden Fall in RGZ. Bd. 100 S. 134, bei dem es sich sogar um einen schriftlich abgeschlossenen Vertrag handelte) ...

---

30. Kann der Anspruch, daß ein Reichsinnungsverband eine in sein Aufgabengebiet fallende Maßnahme widerrufe, im ordentlichen Rechtswege verfolgt werden?

GVG. § 13. Erste Verordnung zur Durchführung des Gesetzes zur Vorbereitung des organischen Aufbaues der deutschen Wirtschaft vom 27. November 1934 (RGBl. I S. 1194) §§ 5, 16. Anordnung des Reichswirtschaftsministers über die bezirkliche und fachliche Gliederung der Reichsgruppe Handwerk innerhalb des organischen Aufbaues der gewerblichen Wirtschaft vom 23. März 1935 (Reichsanzeiger Nr. 71 vom 25. März 1935).

II. Zivilsenat. Urt. v. 6. Dezember 1939 i. S. Reichsinnungsverband des Bandagisten- und Orthopädie-Mechaniker-Handwerks (Bekl.) w. A. L. & Co. (Kl.). II 34/39.

 I. Landgericht Berlin.
 II. Kammergericht daselbst.

Die Klägerin betreibt in H. einen Handel mit Verbandstoffen, Bandagen und Gegenständen zur Krankenpflege. Ihre Inhaberin, Frau A. L., ist als Herstellerin von Bandagen und Fußstützen in die Handwerksrolle eingetragen und gehört der Bandagisten-, Orthopädie- und Chirurgie-Mechaniker-Innung für das Stadtgebiet H. als Mitglied an. Der Beklagte unterhält eine Bezirksstelle N. in H. Diese Bezirksstelle hat im Mai 1936 an eine Reihe von Krankenkassen ein von ihrem Bezirksinnungsmeister Th. unterzeichnetes Rundschreiben gesandt, worin sie sich dagegen wendet, daß den Kassenmitgliedern bei der Anschaffung verordneter Heilmittel nicht die freie Wahl unter den ortsansässigen Fachfirmen überlassen werde, sie vielmehr an bestimmte Firmen verwiesen würden, die bei Kostenanschlägen wesentlich niedrigere Preise berechneten als die Fachfirmen. Sie hebt hervor, daß die von ihren Fachmitgliedern berechneten Preise der Liste für Orthopädie entsprächen, die von ihrem Reichsinnungsverbande mit dem Reichsarbeitsministerium für die Sozialversicherungsträger vereinbart worden sei, und fährt fort: „Wenn nun einzelne, nicht zu unserem Fach zu rechnende Firmen glauben, sich einen gewissen Umsatz durch Preisunterbietung und dementsprechende Bevorzugung bei einzelnen Kassen verschaffen zu können, so kann dies nur auf Kosten einer geringeren Leistung oder auf Kosten der Fabrikanten geschehen. Tatsache ist, daß u. a. eine solchermaßen bevorzugte Firma bereits falliert hat und dauernd in Schwierigkeiten ist, aber heute noch hauptsächlichster Lieferant Ihrer Kasse ist." Nach der Bitte, durch Stichproben die Leistungen solcher billiger Firmen zu überprüfen, wie dies auch bei ihren Mitgliedsfirmen geschehe, heißt es weiter: „Wir weisen auch darauf hin, daß solche Firmen regelmäßig nicht den Voraussetzungen entsprechen, die der Reichsverband der Allgemeinen Ortskrankenkassen an seine Landesstellen für die Belieferung mit Bandagen und Heilmitteln in seinem Schreiben vom 24. April 1936 fordert . . . Die Firma L. & Co. beschäftigt keinen geprüften Meister, weder in der Bandagen- und Leibbinden-, noch in der Einlagenherstellung. Im übrigen erlauben wir uns, auch den Erlaß des Herrn Reichsfinanzministers vom 30. März 1935 — H 4020/10/35 — zu erwähnen, wonach bei Vergebung öffentlicher Aufträge die Bewerber regelmäßig auch eine Bescheinigung des zuständigen Finanzamtes vorlegen sollen, daß sie ihren öffentlichen Verpflichtungen nachgekommen sind. Wir bitten deshalb, in Zukunft im Interesse einer gerechten Verteilung Ihrer Aufträge von einer Bevorzugung einzelner Firmen abzusehen und vor allem Bewerber, die nicht den Voraussetzungen der obigen Anweisung des Reichsverbandes der Allgemeinen Ortskrankenkassen entsprechen, den vollgültigen Bewerbern gegenüber nicht zu begünstigen."

Die Klägerin erblickt in diesem Rundschreiben einen Verstoß gegen die Grundsätze des lauteren Wettbewerbs und gegen §§ 823 flg. BGB. Sie macht geltend: Die Bezirksstelle N. gründe ihr Vorgehen vor allem darauf, daß ihre, der Klägerin, Inhaberin keine gelernte Meisterin sei. Obwohl diese auf Grund der Dritten Verordnung über den vorläufigen Aufbau des deutschen Handwerks vom 18. Januar 1935 in die Handwerksrolle eingetragen worden sei und demgemäß der für sie zuständigen Innung angehöre, habe die Bezirksstelle N. sie nicht in ihre Mitgliederverzeichnisse aufgenommen. Sie sei zwar in dem Rundschreiben vom Mai 1936 nur an einer Stelle namentlich genannt. Das habe aber ohne weiteres zur Folge, daß der Empfänger auch den übrigen Inhalt des Schreibens auf sie beziehe. Die darin aufgestellten Behauptungen seien, soweit sie in Frage komme, unrichtig und geeignet, sie in den Augen des Lesers herabzusetzen.

Die Klägerin hat demgemäß beantragt,
1. den Beklagten zu verurteilen, ihr darüber Auskunft zu erteilen, an welche Krankenkassen das Rundschreiben vom 27. Mai 1936 gegangen ist,
2. den Beklagten zu verurteilen, den Krankenkassen gegenüber, an die das Rundschreiben gegangen ist, die Behauptungen zu widerrufen, daß die Firma L. & Co.
   a) keine Fachfirma sei,
   b) nicht zu dem Fach des Reichsinnungsverbandes des Bandagisten- und Orthopädie-Mechaniker-Handwerks zu rechnen sei,
   c) Preise unterbiete und dies nur auf Kosten einer geringeren Leistung oder auf Kosten der Fabrikanten geschehe,

d) bereits falliert habe und dauernd in Schwierigkeiten sei,
e) nicht den Voraussetzungen entspreche, die der Reichs=
verband der Allgemeinen Ortskrankenkassen an seine Lan=
desstellen für die Belieferung mit Bandagen und Heil=
mitteln in seinem Schreiben vom 25. April 1936 fordere,
f) ihren öffentlichen Verpflichtungen nicht nachgekommen sei.

Der Beklagte hat um Klageabweisung gebeten. Er hat in erster Reihe die Zulässigkeit des Rechtswegs bestritten und geltend gemacht, er sei eine Körperschaft des öffentlichen Rechts und habe mit dem beanstandeten Rundschreiben in Wahrnehmung öffentlich=rechtlicher Belange gehandelt. Zweck des Schreibens sei gewesen, die Kranken= kassen auf die Einhaltung der ministeriellen Anordnungen über das bei der Vergebung von Aufträgen der Sozialversicherungsträger ein= zuschlagende Verfahren und auf die Befolgung der hierfür getroffenen Abmachungen hinzuweisen. Wegen unerlaubter Handlung könne er als juristische Person nicht in Anspruch genommen werden. Zu einer Auskunftserteilung sei er niemals aufgefordert worden. Der Inhalt des Rundschreibens sei überdies zutreffend.

Das Landgericht hat der Klage stattgegeben, das Kammergericht die Berufung des Beklagten zurückgewiesen. Die Revision des Be= klagten führte zur Aufhebung und Klageabweisung.

Gründe:

Das Berufungsgericht nimmt in Übereinstimmung mit dem Land= gericht an, daß der Beklagte die Zulässigkeit des Rechtswegs zu Un= recht in Zweifel ziehe. Es hält zwar einen klagbaren Unterlassungs= oder Widerrufsanspruch nicht für gegeben, wenn er sich gegen die Wahrnehmung im öffentlichen Rechte begründeter Aufgaben durch die hiermit betrauten Stellen richtet. Nach seiner Meinung fällt aber die Versendung des von der Klägerin beanstandeten Rundschreibens durch die Bezirksstelle N. des verklagten Verbandes nicht in den Be= reich der Aufgaben, für die sich dieser auf die Erfüllung einer ihm obliegenden öffentlich=rechtlichen Pflicht berufen könnte. Das Be= rufungsgericht geht von der Stellung und den Aufgaben der Innung aus. Es zieht in Betracht, welche Obliegenheiten dieser nach § 43 der Ersten Verordnung über den vorläufigen Aufbau des deutschen Handwerks vom 15. Juni 1934 (RGBl. I S. 493) zufallen und daß sie nach § 49 das. der Aufsicht der Handwerkskammer unterstehe.

Werde sie zwar, so erwägt es, nach § 23 der Verordnung als eine Körperschaft des öffentlichen Rechts errichtet, so habe doch der Staat nicht übernommen, ihre Aufgaben als eigene zu führen. Das Reich übe nur staatliche Aufsicht aus und gewähre staatlichen Schutz und bediene sich hierzu der im Rahmen des ständischen Aufbaues geschaffenen Führung des Reichshandwerksmeisters, der unter der Aufsicht des Reichswirtschaftsministers stehe. Die Stellung des Reichsinnungsverbandes sei sachlich von der einer Innung nicht verschieden. Da die Reichsinnungsverbände nach § 2 der Anordnung des Reichswirtschaftsministers über die bezirkliche und sachliche Gliederung der Reichsgruppe Handwerk innerhalb des organischen Aufbaues der gewerblichen Wirtschaft vom 23. März 1935 selbständige Fachgruppen im Sinne der Ersten Verordnung zur Durchführung des Gesetzes zur Vorbereitung des organischen Aufbaues der deutschen Wirtschaft vom 27. November 1934 seien, gelte für ihren Aufgabenkreis das daselbst in § 16 Bestimmte. Danach habe die Gruppe der gewerblichen Wirtschaft ihre Mitglieder auf dem Fachgebiete zu beraten und zu betreuen. Ihr Leiter habe die Gruppe im Sinne des nationalsozialistischen Staates zu führen und ihre und ihrer Mitglieder Angelegenheiten unter Rücksichtnahme auf die Gesamtbelange der gewerblichen Wirtschaft und unter Wahrung des Staatswohls zu fördern. Als Wirtschaftsverband i. S. des § 1 Abs. 2 des Gesetzes zur Vorbereitung des organischen Aufbaues der deutschen Wirtschaft vom 27. Februar 1934 (RGBl. I S. 185), dem die Wahrung wirtschaftlicher Belange von Unternehmern und Unternehmungen obliege, habe aber der Innungsverband nicht das Wesen einer Behörde, und seine Kundgebungen seien keine amtlichen Verlautbarungen einer mit der Wahrnehmung öffentlicher Belange betrauten Stelle. Seine Stellung und die seines Leiters seien von der des Reichshandwerksmeisters insofern wesentlich verschieden, als dieser das Organ sei, dessen sich der Staat in Ausübung seines Aufsichtsrechts bediene. Der Kreis seiner Rechte und Pflichten ergebe sich aus der umfassenden Rechtsstellung, die er als Führer der Spitzenvertretung des deutschen Handwerks und als Aufsichtsbehörde über die in der Reichsgruppe zusammengeschlossenen Innungsverbände innehabe. Diese Stellung als Behörde habe der Innungsverband nicht. Sein Aufgabenkreis werde auch nicht dadurch zu einem öffentlich-rechtlichen, daß sich seine Tätigkeit im Rahmen der Staatsbelange und der Grundsätze des nationalsozialistischen

Staates zu halten habe. Denn das gelte für jeden Wirtschafts=
verband, ohne daß dadurch seine Stellung eine behördliche
Natur erhalte. Das Rundschreiben der Bezirksstelle lasse sich danach
nicht als amtliche Verlautbarung kennzeichnen. Es sei auch nicht zu
ersehen, inwiefern es in den Kreis der Aufgaben des Reichsinnungs=
verbandes falle. Es habe nach seinem Inhalt weder der fachlichen
Beratung oder Betreuung der Mitglieder noch der Unterstützung der
Körperschaften des Handwerks oder der Behörden dienlich sein können.
Ebensowenig sei es geeignet gewesen, die wirtschaftliche und fachliche
Leistungsfähigkeit des Handwerks zu fördern, oder falle es in den
Kreis der in § 43 der Ersten Handwerksverordnung den Innungen
übertragenen Aufgaben. Das Berufungsgericht gelangt hiernach zu
dem Ergebnis, daß es sich bei dem beanstandeten Rundschreiben um
eine reine Wettbewerbsmaßnahme handele, die der Beklagte nach
bürgerlich=rechtlichen Grundsätzen zu vertreten habe.

Diese Ausführungen des Berufungsgerichts halten, wie der Re=
vision zuzugeben ist, einer rechtlichen Nachprüfung nicht stand. Es
mag dahinstehen, ob sich die Versendung des Rundschreibens schon
deshalb als Ausfluß einer öffentlich=rechtlichen Betätigung des ver=
klagten Verbandes ansehen ließe, weil dieser, wie die Revision geltend
macht, berechtigt sei, mit Krankenkassen oder Krankenkassenverbänden
Verträge über Leistungen abzuschließen, die in den Rahmen der durch
§ 182 RVO. gewährleisteten gesetzlichen Krankenhilfe fallen. Die Re=
vision ist der Meinung, daß der damit begründete Aufgabenkreis des
Beklagten auf öffentlich=rechtlichem Gebiete liege, weil durch den
Abschluß solcher Verträge eine den Sozialversicherungsträgern als
Körperschaften des öffentlichen Rechts obliegende Verpflichtung auf
den Beklagten übertragen werde, wie dies auch für die durch vertrag=
liche Abmachungen oder ministerielle Erlasse begründeten Beziehungen
der Ärzteschaft oder der Apothekerschaft zu den Krankenkassen zutreffe.
Sie verweist darauf, daß der verklagte Verband im unmittelbaren
Vertragsverhältnis mit dem Reichsarbeitsministerium für die Ver=
sorgung von Kriegsbeschädigten stehe, woraus sich ohne weiteres
bestimmte Bindungen in Leistung und Preis für die Innungs=
mitglieder ergäben, und daß auch der Reichswirtschaftsminister in
seinem vom Beklagten angeführten Erlasse vom 26. August 1936 —
V 17962/36 — die Zulässigkeit solcher Verträge zwischen Kranken=
kassen und Innung ausgesprochen habe. Ein weiteres Merkmal für

die öffentlich-rechtliche Natur solcher Verträge erblickt die Revision darin, daß die darauf beruhenden Lieferungen gemäß § 4 Nr. 11 des Umsatzsteuergesetzes steuerbefreit seien. Die Revision will aus alledem folgern, daß die Aufgaben des verklagten Verbandes über den Aufgabenkreis des § 43 der Ersten Handwerksverordnung hinaus im öffentlichen Interesse erweitert worden seien, wie dies bei den Innungen des Nahrungsmittel-Handwerks (Schlächter, Bäcker, Müller) bei ihren Beziehungen zum Reichsnährstand in ähnlicher Weise der Fall sei. Die von der Revision hiermit vorgebrachten Gesichtspunkte fallen aber für die Frage, ob der mit der Versendung des Rundschreibens berührte Aufgabenkreis des Beklagten dem öffentlichen Recht zu unterstellen sei, kaum entscheidend ins Gewicht. Denn dieser würde, wenn er in der behaupteten Weise an der Erfüllung der den Sozialversicherungsträgern obliegenden öffentlich-rechtlichen Verpflichtungen teilnähme, damit nicht notwendig auch selbst in den Bereich solcher öffentlich-rechtlichen Betätigung einbezogen werden. Er bliebe ihr fern und auf dem Gebiete des bürgerlichen Rechts, wenn sich seine Beteiligung darauf beschränkte, durch den Abschluß von Verträgen mit den Krankenkassen oder Krankenkassenverbänden lediglich die wirtschaftlichen Belange seiner Mitglieder wahrzunehmen und zur Geltung zu bringen, ohne hierbei auch auf darüber hinausgehende Belange der Allgemeinheit Rücksicht nehmen zu müssen. Es kann deshalb für die Frage, ob die Tätigkeit der Reichsinnungsverbände auf dem Gebiete des öffentlichen Rechts liegt, immer nur darauf ankommen, ob sich ihr Aufgabenbereich in der Verfolgung wirtschaftlicher Ziele zu Gunsten ihrer Mitglieder erschöpft oder ob er auch darin besteht, die Gesamtbelange zu wahren. Ist dies nach der Stellung, die ihnen innerhalb der Gesamtwirtschaft zugewiesen ist, der Fall, so ergibt sich ohne weiteres, daß die Grundlagen ihrer aufgabenmäßigen Betätigung und der dadurch begründeten Beziehungen zur Umwelt im öffentlichen Recht zu suchen und ihre Maßnahmen damit nach § 13 GVG. einer Beurteilung durch die ordentlichen Gerichte entzogen sind.

Die Reichsinnungsverbände beruhen auf der oben erwähnten Anordnung des Reichswirtschaftsministers vom 23. März 1935, die auf Grund der §§ 42 und 47 der Ersten Durchführungsverordnung vom 27. November 1934 ergangen ist. Sie bilden im Rahmen der fachlichen Zusammenfassung der gewerblichen Wirtschaft Gliederungen der Reichsgruppe Handwerk und sind selbständige Fachgruppen im Sinne der genannten Verordnung (Anordnung des Reichswirtschaftsministers § 2): Sie haben die Stellung von rechtsfähigen Vereinen, also von juristischen Personen des bürgerlichen Rechts, mit der sich aus § 5 Satz 2 der Verordnung vom 27. November 1934 ergebenden Maßgabe (Anordnung § 4). Soweit sie Bezirksstellen errichten, stellen diese lediglich Verwaltungsstellen ohne eigene Rechtspersönlichkeit dar (Anordnung § 3 Abs. 2, § 4 Satz 2). Entsprechend ihrer Gleichstellung mit den selbständigen Fachgruppen gilt für den gesetzlichen Aufgabenbereich der Reichsinnungsverbände die für jene maßgebende Vorschrift des § 16 der Verordnung vom 27. November 1934: Der Reichsinnungsverband hat seine Mitglieder auf dem Fachgebiete zu beraten und zu betreuen; sein Leiter hat den Verband unter Verantwortung gegenüber diesem und dem Leiter der Reichsgruppe im Sinne des nationalsozialistischen Staates zu führen und die Angelegenheiten des Verbandes und seiner Mitglieder unter Rücksichtnahme auf die Gesamtbelange der gewerblichen Wirtschaft und unter Wahrung des Staatswohls zu fördern. Soweit für die Errichtung der Reichsinnungsverbände, die Bestellung und Abberufung ihrer Leiter und deren Ordnungsstrafgewalt Abweichungen von den sonst für die Gliederung der gewerblichen Wirtschaft geltenden Bestimmungen der Verordnung vom 27. November 1934 bestehen, lassen diese die weitgehende Einflußnahme des Reichswirtschaftsministers, auch bei der Gestaltung der Satzung eines Reichsinnungsverbandes, den Grundsatz der Zwangsmitgliedschaft und den Führergedanken unberührt. Hieraus ergibt sich, daß auch der Reichsinnungsverband ein Glied im Wirtschaftsaufbau bildet, mittels dessen der nationalsozialistische Staat die aus der völkischen Lebensgemeinschaft entspringende, alle Lebensgebiete umfassende Staats- und Wirtschaftsordnung verwirklichen will. Er dient nicht nur den wirtschaftlichen Belangen seiner Mitglieder, sondern ist in ihrer Wahrnehmung weitgehend dem Gedanken der Förderung des Gemeinwohls unterworfen, der seinen Leiter, wie in § 16 der Verordnung vom 27. November 1934 zum Ausdruck gebracht ist, zur Rücksichtnahme auf die Gesamtbelange der gewerblichen Wirtschaft und zur Wahrung des Staatswohls verpflichtet. Wie dies vom erkennenden Senat in der in RGZ. Bd. 158 S. 257 abgedruckten Entscheidung II 222/37 vom 12. Oktober 1938 für die gewerblichen Wirtschaftsgruppen im allgemeinen angenommen worden ist, liegt also auch der Aufgabenkreis eines Reichsinnungsverbandes im wesentlichen auf öffentlich-rechtlichem Gebiete, soweit er die fachliche Betreuung seiner Mitglieder umfaßt. Der Staat bedient sich seiner zur Durchsetzung der Ziele, die er im Rahmen einer planmäßig auf die Belange des Volksganzen ausgerichteten Gesamtwirtschaft verfolgt, und beruft ihn zur Erfüllung öffentlich-rechtlicher Aufgaben, die sich hieraus ergeben. Für die damit ausgesprochene Übertragung obrigkeitlicher Gewalt ist die Rechtsform, in welcher der Reichsinnungsverband im Verkehr auftritt, ohne Belang. Er kann auch als juristische Person des bürgerlichen Rechts Träger öffentlich-rechtlicher Pflichten sein, wenn und soweit ihm solche vom Staat übertragen sind. Wie schon in der angeführten Entscheidung hervorgehoben wird, liegt eine öffentlich-rechtliche Betätigung nicht nur dann vor, wenn sie durch den hierzu bestellten Inhaber eines Amtes im staatsrechtlichen Sinne ausgeübt wird. Vielmehr genügt, daß eine Person oder Stelle handelt, die sich in ihren Entschließungen zufolge einer ihr anvertrauten Wahrnehmung öffentlicher Belange von den dadurch gebotenen Rücksichten leiten läßt. Das Berufungsgericht verkennt hiernach das Wesen der von den Reichsinnungsverbänden ausgeübten Tätigkeit, wenn es ihr öffentlich-rechtliche Bedeutung um deswillen abspricht, weil sich die Betätigung jedes Wirtschaftsverbandes im Rahmen des Staatswohles und der Grundsätze des nationalsozialistischen Staates zu halten habe. Soweit es hierbei an Kartelle, Syndikate und ähnliche auf Markt- und Preisregelung abgestellte Zusammenschlüsse denkt, mögen diese zwar ebenfalls auf die Belange der Gesamtwirtschaft Rücksicht zu nehmen und sich in ihren Maßnahmen hiernach zu richten haben. Wo sie dies tun, geschieht es jedoch nicht kraft einer ihnen vom Staat auferlegten Pflicht, sondern innerhalb einer in erster Reihe den Belangen ihrer Mitglieder gewidmeten, also auf privatwirtschaftlichem Gebiete liegenden Betätigung. Gerade die pflichtmäßige Befassung mit den Belangen der Volksgemeinschaft und die auftragsmäßige Berücksichtigung des Staatswohls sind es aber, die die Tätigkeit der Wirtschaftsgruppen und damit auch der Reichsinnungsverbände zu einer öffentlich-rechtlichen erheben. Dem Berufungsgerichte kann auch nicht beigetreten werden, wenn es allein dem Reichshandwerksmeister eine Stellung einräumt, die eine Anwendung öffentlich-rechtlicher Grundsätze zuläßt. Soweit dieser Leiter der Reichsgruppe Handwerk ist, nimmt er Aufgaben wahr, die im Hinblick auf die Bedeutung des organischen Aufbaues der gewerblichen Wirtschaft für die Staatsbelange und das Gemeinwohl in gleicher Weise der Reichsgruppe und ihren Gliederungen obliegen. Im Urteil des Reichsgerichts VI 95/37 vom 25. Oktober 1937 (JW. 1938 S. 113 Nr. 9), auf das sich das Berufungsgericht beruft, wird denn auch gerade betont, daß die Reichsgruppe Handwerk die Förderung und Vertretung des gesamten Handwerks auch wegen der öffentlichen, staatlichen Belange bezwecke und daß ihr Leiter die ihr angeschlossenen Gliederungen in der Erfüllung der ihnen obliegenden Aufgaben zu unterstützen und zu überwachen habe, die durch § 2 Abs. 2 der Anordnung vom 23. März 1935 und § 16 der Ersten Durchführungsverordnung vom 27. November 1934 bestimmt seien.

Ist hiernach davon auszugehen, daß der verklagte Verband eine öffentlich-rechtliche Pflicht erfüllt, soweit er die ihm übertragenen Aufgaben wahrnimmt, und daß deshalb eine Nachprüfung seiner Maßnahmen im ordentlichen Rechtswege gemäß § 13 GVG. unzulässig ist, sofern sie jenem Zwecke dienen, so bleibt zu prüfen, ob dies auch für die hier beanstandete Versendung des Rundschreibens gilt. Die Bezirksstelle wollte die Empfänger des Schreibens veranlassen, bei der Vergebung von Aufträgen nicht Firmen zu bevorzugen, bei denen es an den Voraussetzungen fehle, die der Reichsverband der Allgemeinen Ortskrankenkassen für deren Verkehr mit Lieferanten von Bandagen usw. aufgestellt hatte. Sie erstrebte also eine wirtschaftliche Förderung derjenigen Innungsmitglieder, die diese Voraussetzungen erfüllten. Wenn das Berufungsgericht annimmt, das damit verfolgte Ziel falle nicht in den Aufgabenkreis des Reichsinnungsverbandes, so kann ihm hierin nicht gefolgt werden. In welcher Weise dieser seiner Pflicht zur fachlichen Betreuung seiner Mitglieder nachkommen zu müssen glaubte, stand bei ihm. War er der Meinung, bei der Vergebung von Kassenaufträgen würden bestimmte Mitgliedsfirmen ohne Grund zu Gunsten anderer hintangesetzt, und hielt er es für geboten, deswegen bei den Krankenkassen vorstellig zu werden, so ist nicht einzusehen, inwiefern dies nicht im Rahmen einer seinen Aufgaben gemäßen Betätigung hätte geschehen können. Es war selbst dann der Fall, wenn durch sein Vorgehen die Mitgliedsfirmen, deren Bevorzugung unterbunden werden sollte, benachteiligt wurden. Denn gerade bei einer auf die Gesamtbelange der gewerblichen Wirtschaft und die Wahrung des Staatswohls gerichteten Betätigung durfte sich der Beklagte von einer ihm als zweckmäßig und erforderlich erscheinenden Maßnahme nicht schon deshalb abhalten lassen, weil sie einzelnen seiner Mitglieder möglicherweise zum Schaden gereiche. Sein Verhalten fiel auch dann nicht aus dem Bereich aufgabengemäßer Betätigung, wenn es, wie das Berufungsgericht annimmt, dem Bestreben entsprang, den wirtschaftlichen Wettbewerb einzelner Mitglieder zu fördern. Denn selbst eine Verfolgung eigennütziger oder seiner öffentlich-rechtlichen Aufgabe fremder Ziele könnte nichts daran ändern, daß die Versendung des Rundschreibens geeignet und bestimmt war, einem Mißstand abzuhelfen, zu dessen Bekämpfung der Beklagte kraft der ihm übertragenen Pflicht zur sachlichen Betreuung seiner Mitglieder berufen war oder sich doch berufen fühlen konnte. Um einen außerhalb des ihm zugewiesenen Aufgabenkreises liegenden Akt reiner Willkür, der allerdings nicht beanspruchen könnte, als öffentlich-rechtliche Tätigkeit gewertet zu werden, handelte es sich dabei keinesfalls (vgl. RGZ. Bd. 158 S. 262).

Ergibt sich schon hieraus, daß die Versendung des Rundschreibens eine auf dem öffentlich-rechtlichen Aufgabengebiete des Beklagten liegende Maßnahme darstellte, die sich einer Nachprüfung durch die ordentlichen Gerichte entzieht, so bedarf es keines weiteren Eingehens darauf, ob dies auch daraus gefolgert werden kann, daß jene Maßnahme im Zusammenhange mit der Belieferung von Sozialversicherungsträgern stand, bei welcher der Beklagte nach Meinung der Revision nicht nur berechtigt, sondern verpflichtet war, den Krankenkassen bei der Feststellung von geeigneten Bewerbern an die Hand zu gehen. Die Revision will insbesondere aus dem Erlasse des Reichsarbeitsministers vom 29. Juni 1937 — IIa 5510 — herleiten, daß es dem Beklagten obgelegen habe, die nach seiner Ansicht für die Belieferung von Krankenkassen geeigneten Innungsmitglieder festzustellen und sie den Krankenkassen oder Krankenkassenverbänden zu benennen. Sie nimmt auf das Vorbringen des Beklagten Bezug, aus dem sich ergebe, daß es auf der Grundlage dieses Erlasses zu Abmachungen zwischen der Bezirksstelle N. und verschiedenen Krankenkassenverbänden gekommen sei, in denen festgelegt worden sei, unter welchen Voraussetzungen ein Handwerksbetrieb zur Belieferung von Sozialversicherungsträgern zugelassen werde, und rügt, daß das Berufungsgericht dieses Vorbringen unbeachtet gelassen habe. Ob diese Rüge begründet ist, kann dahingestellt bleiben, wenn, wie oben ausgeführt, in der Versendung des Rundschreibens ohnehin eine Maßnahme zu erblicken ist, mit der sich der Beklagte im Bereiche des ihm übertragenen öffentlich-rechtlichen Aufgabengebiets hielt.

Der Beklagte kann hiernach im ordentlichen Rechtswege nicht dazu angehalten werden, sein mit der Klage beanstandetes Vorgehen zu unterlassen. Ebensowenig kann ihm auferlegt werden, die in dem Rundschreiben enthaltenen Behauptungen zu widerrufen. Soweit sich ein Anspruch hierauf sowie auf Auskunfterteilung schon aus einer sachlich widerrechtlichen Verletzung fremden Rechts ergeben könnte (vgl. RGZ. Bd. 158 S. 377), würde eine Verfolgung durch Klage ebenfalls an der Unzulässigkeit des Rechtswegs scheitern. Aber auch unter dem Gesichtspunkte des Schadensersatzes läßt sich eine Verurteilung des Beklagten zur Auskunfterteilung und zum Widerrufe nicht rechtfertigen. Insoweit wäre zwar der Beklagte trotz der ihm übertragenen öffentlich-rechtlichen Aufgabe als juristische Person des bürgerlichen Rechts nach bürgerlich-rechtlichen Vorschriften haftbar und, wie aus § 5 Satz 2 der Durchführungsverordnung vom 27. November 1934 hervorgeht, in sinngemäßer Anwendung des § 31 BGB. für den Schaden verantwortlich, den sein verfassungsmäßig berufener Vertreter durch eine in Ausübung der ihm zustehenden Verrichtungen begangene, zum Schadensersatze verpflichtende Handlung einem Dritten zufügt. Ein sich hieraus ergebender Anspruch auf Wiedergutmachung ließe sich jedoch nicht durch ein gerichtliches Gebot auf Widerruf verwirklichen. Denn eine dahingehende Entscheidung würde dem Beklagten die Vornahme einer Handlung auferlegen, die wiederum in den Bereich seiner öffentlich-rechtlichen Betätigung fiele, damit aber einer Verfolgung im Rechtsweg ebenfalls entzogen ist (vgl. RGZ. Bd. 150 S. 140). Die Klägerin könnte einen ihr erwachsenen Schaden nicht anders erstattet verlangen als in Geld. Da der von ihr erhobene Auskunftanspruch lediglich der Verwirklichung des Widerrufsanspruchs dienen soll, bleibt auch für ihn kein Raum. Das Berufungsgericht hat hiernach die Zulässigkeit des Rechtswegs zu Unrecht bejaht.

Fortsetzung von Seite 2 des Umschlages

Nr.   Seite

23. Wonach entscheidet sich, ob Dienste, die ein dem elterlichen Hausstand angehörendes und von den Eltern erzogenes oder unterhaltenes Kind den Eltern leistet, zu den Diensten gehören, die es kraft Gesetzes den Eltern zu leisten verpflichtet ist? Kommt es dabei auf die Art der Dienste — insbesondere nicht höhere Art — oder darauf an, ob sie in den Rahmen des Hauswesens oder Geschäfts der Eltern fallen? 116

24. Kann die Firma eines Einzelkaufmanns, die einen Doktortitel enthält, von dem Erwerber des Handelsgeschäfts, dem der Titel nicht zusteht, unverändert fortgeführt werden? 121

25. Bedarf es in Ehesachen einer Verkündung des Ausspruchs über die Zulassung der Revision? — Fällt bei § 55 Abs. 2 EheG. das Vorhandensein unterhaltungs- und erziehungsbedürftiger Kinder dann nicht mehr zu Gunsten der Aufrechterhaltung der Ehe ins Gewicht, wenn der auf Scheidung klagende Ehemann eine besondere Unterhaltungsverpflichtung eingegangen ist? 124

26. Was ist unter „Inland" in § 606 RZPO. und § 100 JN. zu verstehen? 128

27. Sind die auf der verfassungsmäßigen Leitungs- und Dienstgewalt eines Reichsministers beruhenden Verordnungen über Einrichtung und Zuständigkeit von Behörden Rechts- oder Verwaltungsverordnungen? Ist insbesondere die Zuständigkeitsordnung des Reichspostministers vom 13. März 1928 eine Rechtsverordnung? — Kann die Befugnis einer Behörde zur Vertretung bei Rechtsgeschäften entgegen den Bestimmungen über ihre Zuständigkeit durch Verwaltungsübung begründet werden? — Über die Vertretungsbefugnis der Oberpostdirektionen (Reichspostdirektionen). — Kann der Einwand, einem Beamten habe bei Abschluß eines Rechtsgeschäfts für die Behörde die Zuständigkeit gefehlt, mit Rücksicht auf Treu und Glauben, insbesondere weil seine Ermächtigung zu vermuten war, unbeachtlich sein? — Unter welchen Umständen kann das Schweigen einer Behörde auf Bestätigungsschreiben solche Rechtsgeschäfte wirksam machen, die ein dazu nicht befugter Beamter für sie abgeschlossen hat? — Welcher Beamter ist zur Auskunft darüber befugt, durch wen eine Behörde beim Abschluß von Verträgen wirksam vertreten wird? Welche Bedeutung hat der vom Behördenvorstand einem Beamten ausgestellte Ausweis über dessen Vertretungsbefugnis? — Wann kommt mit einer Behörde ein Auskunftsvertrag zustande? — Unter welchen Voraussetzungen ist eine öffentlich-rechtliche Körperschaft schadenersatzpflichtig, weil ein Beamter für sie einen Vertrag geschlossen und dabei seine Unzuständigkeit verschwiegen hat? — Über die Bedeutung der amtlichen Siegelung rechtsgeschäftlicher Erklärungen einer Behörde. — Handelt ein Behördenvorstand in Ausübung öffentlicher Gewalt, wenn er bescheinigt, daß ein Beamter der Behörde zu ihrer Vertretung bei Rechtsgeschäften befugt ist und von ihm vollzogene Unterschriften auf Bürgschaftserklärungen anerkannt werden? — Wann ist die Pflicht des Behördenvorstandes, für Aufrechterhaltung eines ordnungsmäßigen Dienstbetriebes zu sorgen, eine Amtspflicht, die ihm Dritten gegenüber obliegt? — Ist der Sachbearbeiter einer Oberpostdirektion (Reichspostdirektion) ein besonderer Vertreter im Sinne des § 30 BGB., wenn sein Geschäftsbereich wesentlich auf die Vertretung der Reichspost nach außen hin eingerichtet ist und umfangreiche wirtschaftliche Betätigung umfaßt? — Unter welchen Voraussetzungen handelt ein Beamter, der verfassungsmäßiger oder besonderer Vertreter seiner Behörde ist, in Ausführung der ihm zustehenden Verrichtungen, wenn er für die Behörde ein Vertragsangebot annimmt und dabei dem Anbietenden vorspiegelt, es sei alles in Ordnung, während er für diesen Fall keine Abschlußbefugnis hat und das Angebot sachlichen Anforderungen der Behörde nicht entspricht? 129

28. Sind nach österreichischem (sudetendeutschem) Recht auf das Rechtsverhältnis zwischen dem mit einer Prozeßführung beauftragten Anwalt und seinem

Fortsetzung auf Seite 4 des Umschlages

Fortsetzung von Seite 3 des Umschlages

Nr.		Seite
	Auftraggeber die Bestimmungen über den Werkvertrag, insbesondere über die Gewährleistung, anzuwenden? Inwieweit gebührt dem Anwalt die Entlohnung, wenn seine Geschäftsbesorgung schuldhaft mangelhaft gewesen ist? — Ist die Frage, ob im Vorprozeß bei rechtzeitiger Vorlage einer Urkunde ein Beweis als erbracht angesehen worden wäre, Rechts- oder Tatfrage?	171
29.	Zum Begriff des verdeckten Einigungsmangels im Sinne des § 155 BGB.	177
30.	Kann der Anspruch, daß ein Reichsinnungsverband eine in sein Aufgabengebiet fallende Maßnahme widerrufe, im ordentlichen Rechtswege verfolgt werden?	181

Soeben erschien:

HEYMANN-KÖTTER

Handelsgesetzbuch

(ohne Seerecht)

Mit Erläuterungen von Dr. Ernst Heymann, Geh. Justizrat, ord. Professor an der Universität Berlin unter Mitarbeit von Hans-Wilhelm Kötter, Rechtsanwalt in Berlin

Oktav. VIII, 560 Seiten. Gebunden RM. 10.—. (Guttentagsche Sammlung Deutscher Reichsgesetze Nr. 4)

Der Band tritt nach längerer Pause an die Stelle des in der Guttentagschen Sammlung durch 5 Jahrzehnte erschienenen und in 17. Auflage verbreiteten Hand-Kommentars. Die jetzt vorliegende Handausgabe ist ein völlig neues Buch. Sie will durch möglichst vollständige Mitteilung der Rechtsprechung und Gesetzgebung zum Handelsgesetzbuch in knappster Form unmittelbar der Praxis in Rechtspflege und Wirtschaft dienen. Zugleich will sie aber auch den Studierenden zum Studium der wertvollen Leitentscheidungen unserer Hohen Gerichte, namentlich des Reichsgerichts, weisen.

Kommentar zum

Handelsgesetzbuch

herausgegeben von Reichsgerichtsmitgliedern

Es erscheint in Kürze: Band I: §§ 1—104

Bearbeitet von Senatspräsident Dr. Flad, Reichsgerichtsrat Gadow, Reichsgerichtsrat Dr. Heinichen

Groß-Oktav. Etwa 800 Seiten Umfang. Preis gebunden etwa RM. 40.— Anschließende Teile und Bände gelangen in rascher Folge zur Ausgabe. Das Gesamtwerk wird 4 Bände umfassen

Der neue Großkommentar zum HGB., als Nachfolger des Staubschen Kommentars, ist auf Erfahrung der Praxis, namentlich der Rechtsprechung des Reichsgerichts, aufgebaut. Die bewährten Kommentatoren, Mitglieder des Reichsgerichts, haben sich hier zu einem Werk vereinigt, das bestimmt ist, der Praxis hervorragende Dienste zu leisten. Unter kritischer Benutzung der gesamten Rechtsprechung und unter Auswertung des gesamten Schrifttums gibt der Kommentar in systematischer und übersichtlicher Einordnung des gewaltigen Stoffes in den Anmerkungen ein umfassendes Bild des Handelsrechts.

Verlag Walter de Gruyter & Co. / Berlin W 35

Printed in Germany — Metzger & Wittig, Leipzig